JN074160

熊倉浩靖◉著

ユネスコ世界の記憶

「上野三碑」を読んでみましょう

あなたも読める日本最古の石碑群

By KUMAKURA Hiroyasu

Lets's read
Three Cherished Stelae
of Ancient Kozuke

雄山閣

◎目　次◎

ユネスコ世界の記憶

「上野三碑」をご存じですか?

二〇一七年一〇月三一日深夜、「上野三碑」が「ユネスコ世界の記憶」に登録されたというニュースが飛び込んできました。関係者は大喜びで、登録記念式典まで催されました。「上野三碑」世界の記憶登録を言い出した一人として、私もその輪の中にいました。

しかし、多くの国民にとって、「世界の記憶って何？」「上野三碑なんて初耳だ。だいたい何で上野をこうずけって読むの？」という思いが本音だったかもしれません。研究者たちの長年の研究成果が「世界の記憶」登録に結晶したと知り、好意的に受け止めてくださった方々からも「日本最古の石碑群だから選ばれたのではないか」「世界の記憶と言うけれど読み継ぐほどの価値があるのか」と問い続けられました。

結論から言えば、最古だからだけの登録ではありません。一三〇〇年の歳月を超えて誰にでも読める石碑群で、現代から未来へとつながる内容が記されているからです。

本書を案内役として、そのことを理解してほしい。日本語を解する全ての人々に読み継いでほしい。他の言語に訳して伝えてほしい。それが私の執筆の動機です。

三碑は山上(やまのうえ)碑・多胡(たご)碑・金井沢(かないざわ)碑と名付けられていますが、実は私は、山上碑・金井沢碑が立つ高崎市南八幡(みなみやわた)地区に暮らしています。そして今、地域の友人たちと共に「山上碑・金井沢碑を愛する会」の一員として活動を続けています。その仲間たちからさえ、私が登録を言い出した当時、「地域の宝かもしれないが、それほどの価値があるのか。そんな古いもの、読めるはずがない」という声が返ってきました。

登録から六年。事態は大きく変わり始めました。地域学習の成果として、高崎市立南八幡小学校・南八幡中学校の児童・生徒は山上碑・金井沢碑のかなりの部分を読むことができています。多胡碑の立つ高崎市吉井(よしい)地区の児童・生徒は、登録運動のはるか以前から多胡碑を読み、書き続けてきました。吉井地区には多胡碑を暗唱できる人があまたいます。

人生百年。今からでも遅くはありません。日本最古の石碑群をご一緒に読んでみませんか。

その準備として、「ユネスコ世界の記憶」とは何か、「上野三碑」はどんな存在なのか。多少の説明を加えておきましょう。

ユネスコ世界の記憶とは

まずは、「ユネスコ世界の記憶」の紹介から始めましょう。

ユネスコ三大遺産事業

ユネスコはご存知ですね。United Nations Educational Scientific and Cultural Organization（国際連合教育科学文化機関）。頭文字をとってＵＮＥＳＣＯ（ユネスコ）と呼ばれます。

一九四六年の設立ですから、二十を超える国連専門機関の中でも、国連食糧農業機関（ＦＡＯ＝Food and Agriculture Organization of the United Nations）、国際労働機関（ＩＬＯ＝International Labour Organization）と並ぶ最も由緒ある機関の一つです。それだけに知名度も高くなっています。

設立の目的は「国際連合憲章が世界の諸人民に対して人種、性、言語又は宗教の差別なく確認している正義、法の支配、人権及び基本的自由に対する普遍的な尊重を助長するために教育、科学及び文化を通じて諸国民の間の協力を促進することによって、平和及び安全に貢献すること」にあります（ユネスコ憲章第一条「目的及び任務」第一項)。このことも、比較的よく知られています。

アメリカが支出を止めているなかで、日本は、二〇一九年以降、ユネスコ加盟国分担金拠出国の第二位となっています。国連通常予算分担金はアメリカ、中国に次ぐ第三位です。

本論に戻りましょう。

ユネスコは、目的実現のため、多くの事業を行っています。その中に三大遺産事業と呼ばれる事業があります。世界遺産、無形文化遺産、そして世界の記憶の三つです。

三大遺産事業と言うと、世界遺産の三類型（文化遺産・自然遺産・複合遺産）と思われる方もありますが、世界遺産は、三類型まとめて三大遺産事業の一つです。

世界遺産（World Heritage）

よくご存じかもしれませんが、世界遺産から改めて確認しておきましょう。

原文ではWorld Heritageと言います。「世界の文化遺産及び自然遺産の保護に関する条約（Convention Concerning the Protection of the World Cultural and Natural Heritage）」に基づいて世界遺産一覧表に記載された「記念工作物、建造物群、遺跡、自然地区等で顕著な普遍的価値を有するもの」（条約第一～三条）です。

「顕著な普遍的価値（Outstanding Universal Value）」などと聞くと、何か難しそうですが、要は、地球の生成と人類の歴史によって生み出され、過去から現在へと引き継がれてきたかけがえのない宝物です。現在を生きる世界中の人びとが過去から引き継ぎ、未来へと伝えていかなければならない人類共通の遺産です。

「記念工作物、建造物群、遺跡等」を文化遺産、「自然地区等」を自然遺産、両者を併せ持つ有形物を複合遺産と言います。表1に示した通り、二〇二三年末現在での総数はほぼ一二〇〇（文化遺産九三三、自然遺産二二七、複合遺産三九）です。日本は二五か所です（文化遺産二〇、自然遺産五）。

ただしが付きます。「記念工作物、建造物群、遺跡、自然地区等」とあるように、世界遺産の対象は有形物（不動産）です。不動産と言い切ってしまうと、俗っぽく感じられますが、一九九三年、日本最初の世界文化遺産となった法隆寺地域の仏教建造物も姫路城も、世界自然遺産の屋久島も白神山地も不動産です。

表1　世界遺産数（2023年末現在）

	文化遺産	自然遺産	複合遺産	計
世界	933	227	39	1199
日本	20	5	0	25

対象が不動産であることは「法隆寺地域の仏教建造物」の世界遺産一覧表記載推薦書を読むとよく分かります。改めてご紹介すると、「推薦する文化遺産は二区域からなる建造物群」とされ、法隆寺地域一四・六ヘクタールと法起寺地域〇・七ヘクタールを資産面積とし、法隆寺四七棟、法起寺一棟の建造物を一覧表記載の建造物群と定めています（『法隆寺地域の仏教建造物群世界遺産一覧表記載推薦書』及び付属資料七）。

ですから、厳密に言うと、百済観音も金堂の釈迦三尊像も玉虫の厨子も、それ自体は世界遺産ではありません。世界遺産と密接不可分の、それを外しては世界遺産の「顕著な普遍的価値」を証明できない、かけがえのない動産です。さらに言えば、管長以下の僧侶や檀信徒、大工や庭師などの諸々の匠（たくみ）をはじめ、法隆寺地域の仏教建造物を守り伝えてきたすべての人々は、その人々なしには「顕著な普遍的価値」を体現しえない存在です。人間国宝という言い方にならえば人間世界遺産です。参拝客、修学旅行生もまた、その流れに位置づく存在となりえます。

表２　日本が登録した無形文化遺産一覧

年	無形文化遺産
2008 年	能楽、人形浄瑠璃文楽、歌舞伎
2009 年	雅楽、小千谷縮・越後上布、奥能登のあえのこと、早池峰神楽、秋保の田植踊、大日堂舞楽、題目立、アイヌ古式舞踊
2010 年	組踊、結城紬
2011 年	壬生の花田植、佐陀神能
2012 年	那智の田楽
2013 年	和食：日本人の伝統的な食文化
2014 年	和紙：日本の手漉和紙技術
2016 年	山・鉾・屋台行事
2018 年	来訪神：仮面・仮装の神々
2020 年	伝統建築工匠の技：木造建造物を受け継ぐための伝統技術
2022 年	風流踊

世界遺産をそうした全体像で捉えることが、世界遺産を未来につなぐ道となってゆきます。この視点は、私たちの「世界の記憶」においていっそう重要性を帯びてきます。

再びお金の話ですが、世界遺産条約第一五条に基づき二年ごとに支払う世界遺産基金拠出金はアメリカに次ぐ第二位です。一〇〇万ドルを超えています。基金は発展途上国等における世界遺産の保護に役立てられています。日本がこうした役割を果たしていることに誇りと責任感を持ちたいものです。

無形文化遺産（Intangible Cultural Heritage）

第二の遺産事業が無形文化遺産です。Intangible Cultural Heritage と言います。「無形文化遺産の保護に関する条約（Convention for the Safeguarding of the Intangible Cultural Heritage）」に基づいています。

Intangible という単語、初めて目にされた方もあるかもしれません。「無形」とか「触ることのできない」とか「捉えどころのない」という意味で使われます。

Intangible Cultural Heritage。たしかに何とも捉えにくい言葉

ですが、対象は、(a) 口承による伝統及び表現（無形文化遺産の伝達手段としての言語を含む）、(b) 芸能、(c) 社会的慣習、儀式及び祭礼行事、(d) 自然及び万物に関する知識及び慣習、(e) 伝統工芸技術の五点です（条約第二条　定義　第二項）。

無形文化遺産を定めた時のユネスコ事務局長が松浦晃一郎さんだったこともあり、日本の登録は進んでいます。表2に示した、その中身を見ると、理解はいっそう進みます。

表2に見られるように、ユネスコ無形文化遺産は、私たちが芸能や匠の技（わざ）、生活文化や民俗文化財と呼んでいるものと重なり合っています。日本の法令（文化財保護法）で言えば、無形文化財と民俗文化財がユネスコ無形文化遺産とほぼ一致します。

ユネスコは次のように訴えています。「無形文化遺産は、世代から世代へと伝承され、社会及び集団が自己の環境、自然との相互作用及び歴史に対応して絶えず再現し、かつ、当該社会及び集団に同一性及び継続性の認識を与えることにより、文化の多様性及び人類の創造性に対する尊重を助長する」（条約第二条　定義　第一項）。

これまた難しそうな言い回しですが、要は、伝承し続けることで社会や集団を維持してきた慣習や儀式・芸能などを守り合うことが人類社会の多様性と相互理解、新たな創造性を生み続けるということです。

世界遺産以上に、直接的な担い手を核とする人間集団の存在に光が当たります。多くの場合、地域集団、国民規模の伝統的な行動様式が対象となっています。その点で、世界遺産（World Heritage）、世界の記憶（Memory of the World）が「世界（World）」を冠するに対し、無形文化遺産（Intangible Cultural Heritage）に「世界（World）」が被せられていないことは象徴的です。

三度お金の話をすると、無形文化遺産基金に日本は毎年三〇〇〇万円強を拠出続けています。

第三の遺産事業・世界の記憶（Memory of the World）

第三の遺産事業が世界の記憶です。Memory of the World と言います。条約化されていないため、知名度が低いのは確かですが、文部科学省は次のように説明しています（https://www.mext.go.jp/unesco/006/1354664.htm）。

世界の記憶（Memory of the World）とは

（世界の記憶は）世界的に重要な記録物への認識を高め、保存やアクセスを促進することを目的とし、ユネスコが一九九二年に開始した事業の総称。本事業を代表するものとして、人類史において特に重要な記録物を国際的に登録する制度が一九九五年より実施されている。登録にかかる審査は二年に一度で、一か国からの申請は二件以内とされている。国際諮問委員会（ＩＡＣ）の勧告に基づき、ユネスコ執行委員会において決定される国際登録のほか、「世界の記憶」アジア太平洋地域委員会（ＭＯＷＣＡＰ）等が決定する地域登録がある。

要は、人類の歴史にとってかけがえのない銘文や手書き原稿・譜面、書籍、新聞、ポスター、地図、映画・フィルム、写真、デジタル記録などを人類共有の記憶つまり遺産として守っていこうという事業です。

そして、誰もがアクセスできる方法を確立することを求めています。

「記憶」と「記録物」という二つの言葉が混在していますが、「記録物の登録」にポイントがあります。歴史的な出来事、記憶そのものを登録するわけにはいきませんから、歴史的出来事を検証できる一次記録物が登録の対象となります。記録物の真正性と完全性が問われます。

真正性とは本物であることです。偽造や偽記録物がはじかれるのは当然ですが、複製や模造品もだめです。

『源氏物語』がいかに優れた古典で世界から愛されていても、いま見られる『源氏物語』は紫式部の直筆本ではないので登録は難しい状況です。『史記』や『論語』、『万葉集』や『竹取物語』も同様です。

完全性とは全体的で、かつ完全であるということです。一部が失われて新しい複製物で補完されていたら、はじかれます。

上野三碑が歴史的出来事を検証できる完全な本物であり、かつ稀少な存在であることは、ご一緒に読んでいくなかで実感していただきますが、上野三碑の背後には後世の写本しかない『古事記』や『日本書紀』、『万葉集』などが横たわっていることを意識したいものです。三碑を通して、その時代、どのような書籍や経典が読まれ血肉化されていたかを見ていくこともできます。

気持ちが急いてしまいました。世界の記憶の実情に戻りましょう。

二〇二二年末現在で世界登録数は四二九件。日本は他国との共同登録を含めて七件です。地域登録は全世界六五件。日本は一件です。主要な世界例と上野三碑を除く日本七例（世界単独登録四例、世界共同登録二例、地域登録一例）を簡単に紹介しましょう。

誰もが知っている世界の記憶をご紹介しましょう

どんなものが「世界の記憶」として登録されているのか。「えっ、そうなの」という、誰もが知っている例を挙げましょう。「ベートーヴェン『交響曲第九番』」と「アンネの日記」です。

ベートーヴェン「交響曲第九番」 年末、世界中で演奏され歌われるベートーヴェンの交響曲第九番。第九の愛称で親しまれている、一八二四年にベートーヴェンが作曲した独唱と合唱を伴う最後の交響曲です。「人類最高の芸術作品」とまで評され、特に第四楽章は「歓喜の歌」と呼ばれて、ＥＵ（欧州連合）の統一性を象徴する曲と位置づけられています。

何と、その「自筆譜資料」がベルリン国立図書館に残されています。そこで二〇〇一年、ドイツは「世界の記憶」に登録しました。二〇二四年は作曲二〇〇周年の年。歓喜の歌とともに「世界の記憶」の認知度を高めたいものです。

アンネの日記 「アンネの日記」も有名ですね。ナチス占領下のアムステルダムの隠れ家で家族など八人で潜伏生活をしていたアンネが一九四二年六月一四日から一九四四年八月一日まで書き記した日記です。八月四日密告によって逮捕され、アンネは一九四五年三月ベルゲン・ベルゼン強制収容所（ドイツ）で息を引き取りました。彼女の死後、唯一生き残った父オットー・フランクの懸命の努力で出版され、世界的ベストセラーになりました。

二〇〇九年、オランダは「日記原本と関連資料」を「世界の記録」に登録しました。

この二例を知ると、「世界の記憶」がぐっと近づきます。登録の価値も実感できます。「マグナ・カルタ（イギリス、一二一五年）」や「フランス人権宣言原本、一七八九年・一七九一年」なども選ばれています。

東アジアの例も知っておきましょう

このように、「歴史的出来事を検証できる本物で完全な記録物」を対象としているため、よく知られている例はヨーロッパの比較的新しいものに集中しがちですが、全世界、様々な時代から登録されています。一例として東アジアの例を紹介しておきましょう。韓国の「高麗八万大蔵経（こうらい(コリョ)はちまんだいぞうきょう）と諸経典の版木」とベトナムの「黎（レー）朝・莫（マク）朝の科挙の石碑記録」を例として挙げたいと思います。

高麗八万大蔵経と諸経典の版木　二〇〇七年、韓国は「高麗八万大蔵経と諸経典の版木」を「世界の記憶」に登録しました。実は、一二年前の一九九五年、それらの版木を納める海印寺蔵経板殿（ヘインサぞうきょうばんでん）（慶尚南道陜川郡（キョンサンナムドハプチョングン））は世界文化遺産に登録されています。世界遺産は有形物（不動産）が対象、世界の記憶は記録物が対象という性格をよく表している例です。

版木八万枚を数えることから八万大蔵経と言いますが、大乗仏教・漢訳仏典の集大成です。一三世紀の前半、元（げん）軍撃退を念じた高麗国王の命令で彫られ、一三九八年、朝鮮（ちょうせん(チョソン)）初代国王李成桂（イソンゲ）の時、海印寺に移されました。この版木から印刷された大蔵経は日本にももたらされ、芝の増上寺と京都の大谷大学に所蔵されています。

黎朝・莫朝の科挙の石碑記録　二〇一一年、ベトナムは、ハノイ文廟に設置された科挙（高級官吏登用試験）合格者（進士）の氏名と出身地を刻んだ八二の石碑を「一四四二年から一七七九年までの黎朝・莫朝の科挙の石碑記録」として「世界の記憶」に登録しました。

文廟は孔子を祭る廟堂として建設され、ベトナム文化と儒教文化の象徴となってきた建物です。そこに進士として名を刻まれることは、本人にとっても出身地にとっても最高の栄誉でした。一五～一八世紀のベトナムの政治と文化を物語る超一級の記録物です。

日本の「世界の記憶」

次に日本の七例を垣間見ましょう。

山本作兵衛炭坑記録画・記録文書

「山本作兵衛炭鉱記録画・記録文書」は二〇一一年登録された「世界の記憶」日本第一号です。申請主体は国に限らないことから**田川市と福岡県立大学の共同申請**です。

登録の日、私は渋谷のNHK放送センターに伺っていました。「ラジオ深夜便」の収録に招かれていたからです。歴史・文化担当の解説委員の友人と夕食を摂っていた時、画面に登録ニュースが流れました。恥ずかしながら、当時「世界の記憶」を知りませんでした。解説委員の友人は夜中にもかかわらず文化庁に跳んで行きました。その時の衝撃が、後日、上野三碑「世界の記憶」登録を言い出す原動力になりました。

文部省公式サイトなどは「山本作兵衛炭鉱記録画・記録文書」と記していますが、ユネスコ公式サイトには「The Sakubei Yamamoto Collection」とあり、田川市公式サイトも「**山本作兵衛コレクション**」と記していますから、こちらが正式登録名なのでしょう。

田川市は登録推薦書に基づき次のように解説しています。

世界記憶遺産に登録された「山本作兵衛コレクション」は、余白に解説文が書き込まれた炭坑記録画や日記などからなり、**日本の炭坑業の急速な発展を記した独自性のある記録物です**。日本の**産業が急速か****つ自立的に発展し、その影響が国内だけでなく世界に波及した時代を描写した記録物**として国際的な重要性を持っています。

作兵衛氏の炭坑記録画と日記は、作兵衛氏自身が炭坑の仕事に従事した筑豊炭田の炭坑が舞台となっており、同地区の炭坑が急速に変化する様子が描かれています。当時は、夫婦の共同作業により主に人力で採掘運搬等の作業を行っていた従来の手法から、機械化した近代的な炭坑へと変革していく時代にありました。**当時の筑豊の様子を知ることは、その後さらに工業化が進む当時の日本だけでなく、産業革命が世界中に波及する歴史を知るための重要な手掛かりとなります。**（太字引用者、以下同）

その場での写生ではなく後日の作画ですが、自筆の解説文も添えられており、当時の筑豊炭田の様子・変遷、人々の暮らし、国際的影響を自らの目で適確かつ詳細に知ることができる記録物です。まさに「世界の記憶」の趣旨に合った記録物です。

御堂関白記(みどうかんぱくき)

二〇一三年登録の「御堂関白記」は栄耀栄華を極めた平安貴族・藤原道長（九六六〜一〇二八）の日記です。道長は関白にはなりませんでしたが、出家後、自邸の東に法成寺(ほうじょうじ)を建立し御堂殿、御堂関白殿と称されたことから御堂関白記と呼ばれてきました。

私たちの日記やアンネの日記とは異なり、具注暦(ぐちゅうれき)と呼ばれる朝廷から頒布される暦に日々の事柄を書き込んでいます。平安末期には三六巻あったと伝えられていますが、現存は長徳(ちょうとく)四年（九九八）から治安(じあん)元年（一〇二一）までのことを記す自筆本一四巻と古写本一二巻です。ともに国宝に指定され、京都の陽明文庫に所蔵されています。

完全性と言う点ではやや物足りなさも感じますが、西暦一〇〇〇年を前後する貴族中の貴族の生々しい心情や行動がストレートに伝わるという点で「世界の記憶」に登録されました。

慶長遣欧使節関係資料

スペインとの共同申請で二〇一三年登録された「慶長遣欧使節関係資料（Materials Related to the Keicho-era Mission to Europe Japan and Spain）」をユネスコ公式サイトは次のように紹介しています（日本語版。ユネスコ・アーカイブス収録なので、文化庁公式サイト「世界の記憶」からの閲覧が良いでしょう）。

慶長遣欧使節団が日本に持ち込んだ資料集。世界規模の国際交流が繰り広げられていた大航海時代、アジアの東端の国から西側諸国に派遣された使節団。この文化遺産は、慶長使節団がヨーロッパの人々に与えた大きな影響を反映しており、異文化圏の存在をヨーロッパの人々に理解させるために、使節団が果たした役割の重要性を示しています。資料は世界史において大きな意味を持っています。

記録物は総数四七点に上り国宝及び重要文化財に指定されていますが、Materials とあるように、登録された記録物は多様性に富んでいます。文化庁文化遺産オンラインを引用してみましょう（https://bunka.nii.ac.jp/heritages/detail/158158）。

仙台藩主伊達政宗が使節としてスペイン及びローマに派遣した支倉常長が欧州から将来した遺品。常長がローマで受けたローマ市公民権証書（羊皮紙）や油彩の肖像画、当時のローマ教皇の肖像画、キリスト教の祭具など、江戸時代初期の日欧交渉の実態を物語る。常長の没後、仙台藩切支丹改所に保管され、今日まで伝来した。

スペインとの共同申請である点に加えて、**記録物の範囲の多様性を示している**点で、「慶長遣欧使節関係資料」は「世界の記憶」のありようを知らせています。

舞鶴への生還　一九四五～一九五六シベリア抑留等日本人の本国への引き揚げの記録

「舞鶴への生還」は二〇一五年の登録です。ユネスコ・アーカイブスは記しています。

一九四五年に第二次世界大戦の敗北により大日本帝国が崩壊したとき、推定六〇万人から八〇万人の日本の軍人と民間人がソビエト社会主義共和国連邦（ソ連）の労働収容所に収容されました。舞鶴引揚記念館には、一九四五年から一九五六年までの強制収容と生存者の引揚に関するユニークで広範な資料が収蔵されています。

記録物総数は五七〇点に上り、舞鶴引揚記念館の収蔵はシベリア抑留体験の記録、安否を気遣い帰還を願う日本の家族に関する資料、引揚者関連資料の三部構成です。俘虜用郵便葉書（シベリアから日本宛）一八九通、抑留体験画九一点、モスクワ放送の帰還情報に関する葉書類七九点、引揚証明書一括八三点などが含まれています。慶長遣欧使節関係資料同様、**記録物の範囲は非常に広範でユニーク**です。

東寺百合文書（とうじひゃくごうもんじょ）

二〇一五年登録の「東寺百合文書」は東寺（教王護国寺）の宝蔵、御影堂（みえいどう）に伝来した寺院文書です。奈良時代から江戸時代初期までの二万四〇〇〇通を超える膨大な史料群です。一〇〇〇年近い歳月、一つの寺院の宗教的あるいは政治的活動とその財産管理を伝える一連の文書群として「世界の記憶」に登録されました。

英文申請書は「Archives of Tōji temple contained in one-hundred boxes」と記しており、「百合」とは百箱という意味です。現に片仮名四六箱、平仮名四八箱の計九四箱の史料群です。一括国宝に指定されています。

朝鮮通信使

文化庁公式サイトは「朝鮮通信使」とのみ書いていますが、ユネスコ・アーカイブスには「Documents on Joseon Tongsinsa/Chosen Tsushinshi: The History of Peace Building and Cultural Exchanges between Korea and Japan from the 17th to 19th Century（**朝鮮通信使に関する記録：一七世紀〜一九世紀の日韓の平和構築と文化交流の歴史**）」とあり、この記念物の意義をより正確に知らせています。

Joseon Tongsinsa/Chosen Tsushinshi（Joseon Tongsinsa は朝鮮通信使の韓国語音）の書き出しに象徴されているように、日韓両国の、しかも民間団体の共同申請（日本側：ＮＰＯ法人朝鮮通信使縁地連絡協議会、韓国側：財団法人釜山文化財団）です。

ユネスコの総合的な目的「教育、科学及び文化を通じて諸国民の間の協力を促進することによって、平和及び安全に貢献する」（ユネスコ憲章第一条第一項）に最もかなう「世界の記憶」です。善隣友好を掲げる朝鮮通信使縁地連絡協議会が一九の市・区・教育委員会、七五の民間団体、一〇五の個人会員で成り立っていることも特筆されます。

縁地連絡協議会メンバーの長崎県対馬市は、「朝鮮通信使に関する記録は、一六〇七年〜一八一一年までの間に、江戸幕府の招請により朝鮮国から日本国へ派遣された外交使節団に関する資料で、両国の歴史的経験に裏付けられた平和的・知的遺産であり、恒久的な平和共存関係と異文化尊重を志向する人類共通の課題を解決するものとして、顕著で普遍的な価値を有している」と、申請内容をまとめています。

申請記録物は外交記録五件五一点（日本側：朝鮮国書等三件一九点、韓国側：通信使謄録等二件三二点）、旅程の記録六五件一三六点（日本側：行列絵巻等二七件六九点、韓国側：使行録関係資料等三八件六七点）、文化交流関係記録四一件一四六点（日本側：漢詩集・筆談唱和集等一八件一二一点、韓国側：筆談唱和集等二三件二五点）です。

水平社と衡平社　国境を越えた被差別民衆連帯の記録

「水平社と衡平社」は世界の記憶アジア太平洋委員会（ＭＯＷＣＡＰ Memory of the World Committee for Asia and the Pacific）による地域登録案件です。

アジア太平洋委員会は次のように紹介しています。

一九二〇年代から一九三〇年代にかけて登録された記録遺産は、それぞれの国である日本と韓国で差別に反対する活動に協力した二つの組織間の連帯を示す五つの記録で構成されています。（中略）これらの記録は、韓国における日本の植民地支配の期間（一九一〇〜一九四五年）を含む、国家的、地域的、および世界的な変化の時代に行われた共同作業の証拠です。それらは、共通の人権目標のために困難な状況下で国境を越えて協力し、平和的な方法を使用して変化を提唱する人々の能力を示しています。

「朝鮮通信使に関する記録」と並んで、ユネスコの目的に合致する「世界の記憶」です。

上野三碑とは

お待たせしました。「上野三碑」の概要を紹介していきましょう。

上野三碑とは、群馬県高崎市の南八幡地区・吉井地区に所在する、全て国特別史跡に指定されている**山上碑**（高崎市山名町山神谷）・**多胡碑**（高崎市吉井町池）・**金井沢碑**（高崎市山名町金井沢）からなる日本最古の石碑群です。

それぞれの碑に記されている紀年銘から、山上碑は西暦六八一年、多胡碑は七一一年、金井沢碑は七二六年に建てられたと見られています。半径わずか一・五キロ、時代差半世紀の間に収まります。その集中性により江戸時代から「上野三碑」と呼ばれてきました。（図１）

「上野」を「こうずけ」と読む理由

しかし、なぜ「上野三碑」の「上野」を「こうずけ」と読むのでしょうか。読めないという人がほとんどです。「上野」

図１　上野三碑位置図

は、今日の群馬県とほぼ重なる古代以来の国名です。武蔵（むさし）・相模（さがみ）・信濃（しなの）などと同じ由緒ある地域名なのですが、時を経て表記と読みに何回もねじれが生じてしまったため、分かりにくくなっています。

飛鳥時代、この地は「かみつけの」と呼ばれていました。七世紀末の藤原宮出土木簡には「上毛野」と書かれています。ところが、間もなく都が奈良（平城京）に移る頃から、地名はできるだけ二文字で書き表すようになります。読みは「かみつけの」のままですが、表記は「上野」となりました。読みには「け」の音があるのに表記からは「毛」の字が消えました。最初のねじれです。不思議なことに、「つ」の音は、表す文字がないのに読み継がれていきます。

読みも「かみつけの」→「かみつけ」→「かんづけ」→「こうづけ」と変化し、「上野」と書いて「こうづけ」と読むようになりました。吉良上野介（きらこうづけのすけ）や小栗（おぐり）上野介をご存知の方は得心いただけると思いますが、表記には「野」があるのに、読みからは「の」が消えました。第二のねじれです。表記（漢字表現）と読み（発音）の真っ当な対応は完全に消滅しました

そこに第三のねじれが生じます。戦後のことです。「かみつけ」からの変化であれば「こうづけ」で止まるはずですが、現代仮名遣いの拡張表記で「こうづけ」が「こうずけ」になってしまいました。言語学的にはまちがいかもしれませんが、「こうずけ」が一般化しています。

ねじれ、ねじれの連続ですから読めなくて当然ですが、これを機会に覚えてください。

とば口からこんなに厄介な、しかも一三〇〇年も前に建てられた日本最古の石碑群となると、そんなもの読めないのではないかと思われる方が多いかもしれません。それが全く違うのです。

誰もが読める生きた最古の古典群

小学校高学年以上の日本人なら、あるいは日本語を習得されている方なら、世界中の誰もが、比較的容易に読むことができます。

それればかりではありません。上野三碑には、原本が失われ写本しか残されていない多くの古典類、『古事記』や『万葉集』、『日本書紀』や『続日本紀（しょくにほんぎ）』、聖徳太子の古い伝記である『上宮聖徳法王帝説（じょうぐうしょうとくほうおうていせつ）』や最古の仏教説話集『日本霊異記（にほんりょういき）』などと相共通した文言や語法の工夫がちりばめられています。お盆の由来となったお経『仏説盂蘭盆経（ぶっせつうらぼんきょう）』も読みこなしている感があります。

原本が失われた多くの古典類を代弁する生きた古典と言ってもよいでしょう。その実感を堪能していただきたいものです。

さらに、上野三碑は、守られ語り継がれるなかで多くの古典や伝承も生み出してきました。本文でも紹介しますが、一端は『竹取物語』や能の名曲「船橋（ふなはし）」「鉢木（はちのき）」に見出せます。

「日本」誕生を地方庶民の目で記した超一級の史料群

当然のことながら、歴史学の史料としても超一級です。私たちの国が「日本」という国号、日本独自の元号制度と律令法制を整え、飛鳥の都から奈良の都に遷都していく、まさに日本が誕生する時代の生き証人です。「日本」誕生の瞬間を、都と同程度に成熟していた一地方の、しかも、その地に暮らし働き学び合った庶民が生の声で記した記録物です。

私たちの生き方につながる考えや事柄が満載

書かれている内容も私たちの生き方につながる思いや考えに満ち満ちています。読み出さないうちに碑文の内容を紹介することは、推理小説の犯人やトリックを前もって明かしてしまうようなものですが、さわりだけでも紹介させてくださいい。いわば予告編です。

山上碑のキーワード「母為」

まずは**山上碑**です。キーワードは四行目の「**母為**」です。幾つかのポイントがあります。

第一に、漢字の並び方が漢文ではなく、明らかに**日本語の文字の並び**です。

山上碑全体がそうなっていることも、ご一緒に読むことで実感していただけると思います。

第二に、一介の**庶民**が**個人的**なことを書いています。

そんなこと当たり前と思わないでください。中国・韓国はじめ世界各地には多くの碑がありますが、そのほとんどが王の命令か功成った貴族・将軍の顕彰碑です。これに対して山上碑は一介の僧が全く個人的なことを書いています。

それが日本最古の碑であることに中国・韓国の研究者の方々も驚かれています。

第三に、**母への感謝**の碑です。

自分を育ててくれた者への感謝の心は、いまにつながる心です。そうした心の表明が日本最古の石碑群に記されていることに、誇りと自覚を持ちたいものです。

多胡碑のキーワード「郡成」

多胡碑のキーワードは二行目の「**郡成**」です。「郡を成す」と読めます。

多胡碑は、多胡郡という新しい郡の成立を記念した碑です。

当然のことながら、多胡郡は、律令に則った政府の命令で作られました。命令書の写しが『続日本紀』に収められています。多胡碑と『続日本紀』の内容は符合しています。

しかし、本論で丁寧に説明しますが、多胡郡となる地域の書き方が、多胡碑と『続日本紀』とではかなり違っています。**多胡碑は命令書の単なる写し「石の高札」ではありません。多胡碑の書きぶりには、多胡郡を作り出した地域の人々の主体性が浮かびあがっています。**

地域をどう持続的に発展させていくか。多様な人々の共生をどう保証していくか。多胡碑の投げかけは、いまにつながる多くの課題を孕んでいます。

金井沢碑のキーワード「知識結」

金井沢碑のキーワードは二回も出てくる「知識結」です。「知識を結ぶ」と読めます。

「知識」は、現在では、何かを知っていることや、その内容を指しますが、元々は仏教信者を表す古代インドの言葉を中国で訳した漢語でした。そこから進んで、「知識を結ぶ」は、**仏教を拠り所として仲間を作り、世のため人のために社会事業を興すことを意味する言葉**となっていきます。そのうねりの中から日本仏教の礎を築いた人々が陸続と生まれていきます。その様子を金井沢碑の彼方に旅してみたいと思います。

一端の紹介ですが、上野三碑は、一三〇〇年の歳月を超えて、ユネスコが守り育てていこうとする呼びかけに応えうる内容を伝えています。その姿をご一緒に味わってください。

碑という形が持つ大きな価値

碑であることに、もう一つの大きな意味があります。

公開の場で読み継がれてこそ価値

古墳時代半ば、五世紀後半あたりから、列島各地で、文が書かれた証拠が次々と見つかっていますが、文字（銘）が刻まれた刀剣や鏡はほとんどがお墓の中かお宮の中に納められます。仏様の造像名も目につきにくい光背や台座の框（かまち）に書かれています。瓦や土器、木簡などに記された墨書は覚書や荷札です。これらは、公開の場で多くの人に読み継がれることを目的としていません。移動しても、その価値を失いません。

これに対して碑は公開の場で多くの人に読み継がれることを第一の目的としています。読み継がれない碑は存在価値がありません。

そして建てられている場所に意味があります。碑は建てられた地点を大きく移動したら意味を失います。ここに碑という形式の最大の特徴があります。

その意味では、上野三碑は、文部科学省や日本ユネスコ国内委員会が当初与えた「世界記憶遺産」という訳語に一番合っている存在かもしれません。

上野三碑は、その銘文が古典つまり世界の記憶として高い価値を持つと同時に、その場を動かしてはならない碑つまり史跡としての高い価値を持っているからです。**石碑は立地地点にあってこそ真正・完全な記録物**です。

渡ってきた碑はない。日本で形となったことにこそ世界史的価値

加えて、上野三碑世界記憶遺産登録推進協議会専門委員として、群馬県内各地で上野三碑理解の普及活動を進めてこられた前澤和之（まえざわかずゆき）先生（群馬県地域文化研究協議会会長）が強調されていることの重要性を、先生に代わってお伝えしておきます。

> 日本の石碑は、中国・朝鮮半島諸国諸地域の石碑文化を受容したものだが、碑そのものが渡って来た例は一つもない。明らかに中国・朝鮮半島諸国諸地域の碑と見られるものは日本に一つもない。列島の人々は、碑という文化、思想を学び、それを日本で形にしたことをもっと重視すべきだ。ここにも上野三碑の世界史的価値がある。（登録五周年に当たっての群馬県主催シンポジウムでのご発言）

理解してこそ向き合いたくなる石碑群

それだけに、三碑に刻まれている文字、刻まれた内容を自身で確認され読み解いてこそ価値は実感されます。あるいは、予めお読みいただき、考えておいてくだされば、現地での三碑との対面はいっそう生き生きとしたものになるでしょう。

山上碑を読みましょう

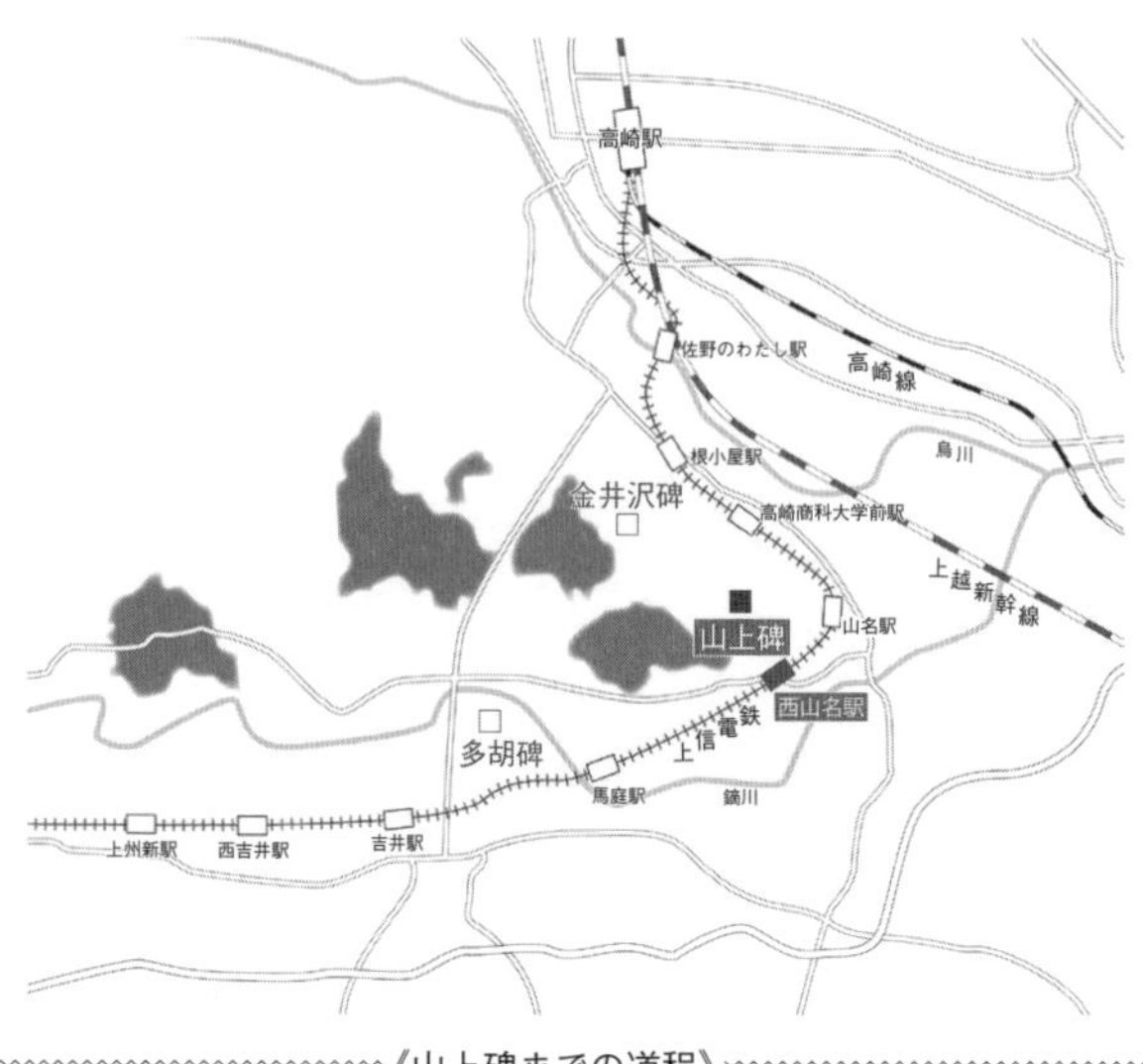

《山上碑までの道程》

◎上信電鉄西山名駅からの歩きが便利です

高崎駅発の上信電鉄に乗ってください。三〇分に一本は運行しています。

西山名（にしやまな）駅で下車。ここまで三六〇円。一五分程度です。

ひとつだけ注意があります。西山名駅には駅員さんがいません。一番前の車両で運転手さんに切符を渡してください。そこしかドアも開きません。現在のところ、交通系ＩＣカードは使えません。

帰りは、先頭車両の一番前のドアから入り、整理券を取ってください。高崎駅に戻ったら、精算所か改札口で三六〇円を払ってください。

西山名駅を降りて道路に出、踏切を渡ったら、後は道に沿って歩くだけ。所々に「山上碑」の案内看板が出ています。

◎土・日・祝日の午前中には「山上碑御朱印」をお配りしています

歩くこと一五分。山上碑入口という標識が見えてきます。そこから木道を少し上ると左手に東屋（あずまや）が見えます。土・日・祝日の午前中は「山上碑・金井沢碑を愛する会」のメンバーが「山上碑御朱印」を配布しています。お受け取り下さい。碑文が透かし彫りになっている優れものです。

なお、三碑全てを上信電鉄利用でとお考えの方には「上野三碑巡りフリー乗車券」も出ています。これと「三碑巡りバス」を組み合わせると、低料金で効率よく見学できます（一五五頁参照）。

山上碑へ

山上碑？　山ノ上碑？

山上碑と言っていますが、地域集落の名前は「山ノ上（やまのうえ）」です。道沿いにある町内公民館には「天水（てんすい）山ノ上公民館」とあります。

江戸期の学者も、藤貞幹（とうていかん）は「**山名村ノ山上に在り**」（『好古小録』寛政（かんせい）七年〈一七九五〉）、狩谷棭斎（かりやえきさい）は「碑在㆓上野国緑野（みどの）郡**山名村山上観音堂傍**㆒」（『古京遺文』文政（ぶんせい）元年〈一八一八〉）、木部白満（きべつくもまろ）は「**山ノ上碑**」（『三碑考』文政二年〈一八一九〉）と書いています。木部白満は地元の学者だけに「山ノ上」という表現には深みがあります。

要は、山名村の山ノ上にある碑という意味です。

山上碑の書き方は国史跡となった時の決定です。「ノ」の字は消えましたが**読みは**「**やまのうえ**」のままです。ちょっとした小知識ですが、覚えておくと親しみがわきます。

石段を上ると、古墳と覆い屋が

二〇〇段ほどの石段を上ると、正面に古墳が、左手に覆い屋が見えます。

正面の古墳は山上（やまのうえ）古墳と命名されている直径一五メートルほどの円墳です。截石切組積（きりいしきりぐみづみ）の横穴式石室です。七世紀半ばの築造と見られています。石室は開けられていて、中に入っての見学も自由です。かなり前から観音信仰の霊場となっていたようです。そのことが山上碑と山上古墳の保存には力となったようです。

いよいよ山上碑とご対面！　覆い屋の碑面複製陶板は優れた先駆例

左手の覆い屋の中に山上碑が納められています。完全な形で保存されています。ガラス戸の左手の陶板に碑文の正確な複製が刻まれています。ユネスコが「世界の記憶」事業として強調しているアクセス確保の先駆例です。「世界の記憶」登録以前の設置ですから、優れた先駆例として高く評価されて良いと思います。

土・日・祝日などには「上野三碑ボランティア会」メンバーが解説に立たれています。石碑碑面あるいは陶板上の複製碑面の文字を一字一字確認しながら解説をお聞きください。

事前学習として、拓本あるいは写真からですが、山上碑を読んでおきましょう。

山上碑の文字を確定しましょう

碑の写真と拓本をまずは眺めてください。四行で書かれています。行に沿って一つずつ文字を拾って確定していきましょう。採字と言います。

山上碑覆い屋

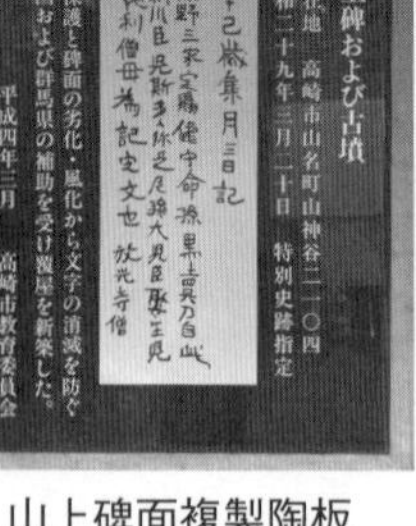

山上碑面複製陶板

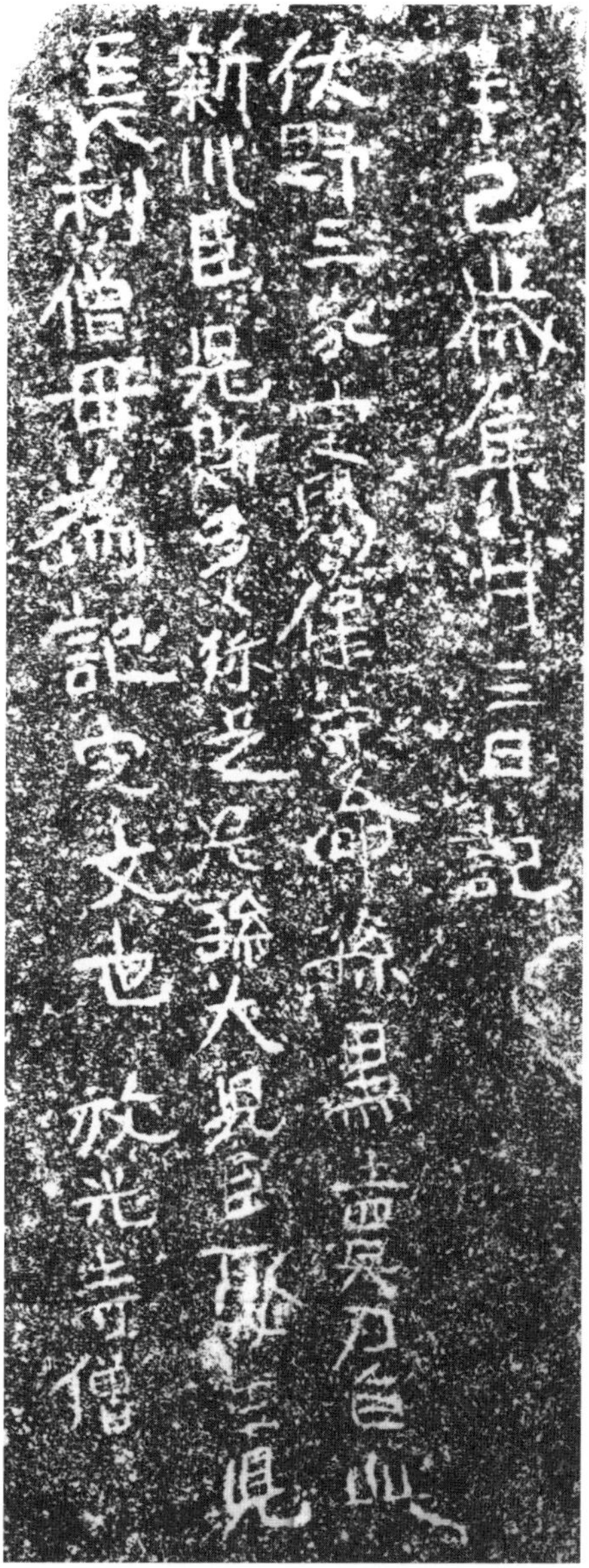

建立　辛己（巳）年（六八一年）
所在　群馬県高崎市山名町山神谷
指定　国特別史跡（一九五四年）
形状　高一一一センチ　輝石安山岩自然石製
碑文　四行　五三文字

一行目

一行目は何文字あるでしょうか。数えてみてください。八文字ですね。八文字であることが直ぐに分かること自体も重要です。草書体やかな文字を使った和歌や手紙ではこうはいきません。楷書体（ないし隷書体・行書体）で書かれている、正確に言えば彫られているということです。一文字ずつ見ていきましょう。

一行目 第一字

「誰でも読めます」と申し上げたのですが、最初の文字は分かりにくいかもしれません。上部がつぶれています。でも、じっと見ていると、「立」に「十（複十字）」のように見えませんか。実は、古代のある時期、この形の文字「辛」は頻繁に使われていました。「辛」という字に似ています。辞書に当たってみましょう。私が使っている漢字に関する辞書は三種類あります。故・福永光司先生推薦の中国辞書『辭海』。群馬県立女子大学奉職中指導いただいた漢学者・濱口富士雄先生編の『全訳　漢辞海』、雄山閣から出ている北川博邦編『日本上代金石文字典』（以下『金石文字典』）です。『金石文字典』は拓本で文字を示している大変分かりやすい字典です。金石文や木簡を読むにはとても役立ちます。

『全訳　漢辞海』の「辛」の項に「辛」はありました。「辛」の**異体字**とあります。他の漢和辞典でも同様と思います。『辭海』の「辭」の旁（つくり）も正確には「辛」です。そこで『金石文字典』の「辛」の項を開いてみると、山上碑を含めて「辛」字体が一〇以上見られますが、「辛」字体は一つもありません。

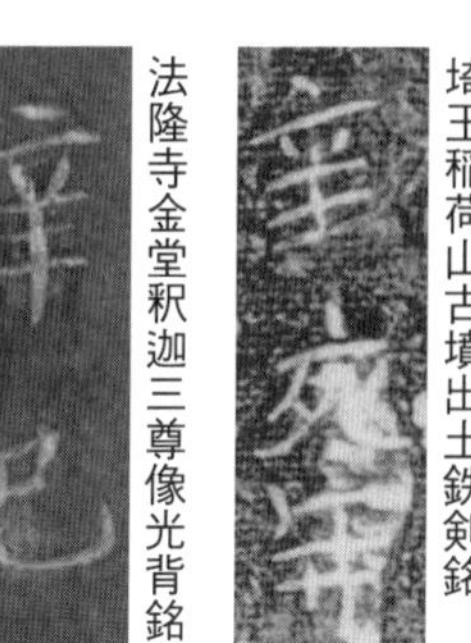

埼玉稲荷山古墳出土鉄剣銘

法隆寺金堂釈迦三尊像光背銘

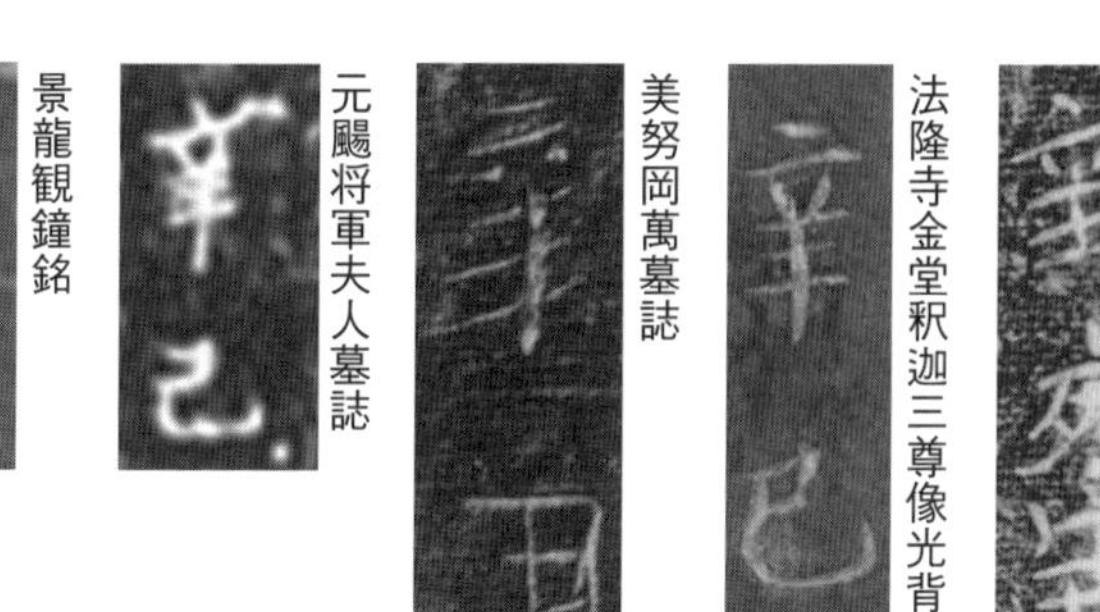

美努岡萬墓誌

元颺将軍夫人墓誌

景龍観鐘銘

日本での「辛」字体は四七一年作と考えられている埼玉稲荷山古墳出土鉄剣銘（埼玉県行田市）に始まり法隆寺金堂釈迦三尊像光背銘（六二三年、奈良県斑鳩町）が続きます。その後は法隆寺献納宝物観音菩薩像台座銘（六五一年）や天平二年（七三〇）銘の美努岡萬墓誌（いずれも東京国立博物館蔵）などに見えています。

朝鮮半島でも高句麗好太王碑（広開土王碑、四一四年、中華人民共和国吉林省集安市）に始まり、南山新城碑と呼ばれる新羅時代の一連の碑（五九一年）に頻出しています。

中国大陸では北魏の元颺という将軍の夫人の墓誌（延昌二年〈五一三〉）や唐の景龍観という道教寺院の鐘の銘（景雲二年〈七一一〉）などに使われています。

書聖と称えられる王羲之（三〇三～三六一）作と伝わる「孝女曺娥碑」にも「辛」が見られます。

細かく見て行けば、さらに例は増えるでしょうが、二つの特色があります。第一に、狭く見ても四世紀から八世紀の東アジアで使われた文字である。第二に、この時代、「辛」は使われていないか、使われているとしても少数派である。

つまり、現在では「辛」が正字体で「辛」は異体字、それもほぼ使われない異体字ですが、**五世紀から八世紀にかけての東アジアでは「辛」が本流の**

字体だったということです。その字体が使われているということは、山上碑の書かれた年代と書かれるに至った流れを考える道標となります。

一行目 第二字

第二字は、どなたも「**己**」と拾われたと思います。しかし、素直に「**己**」と読んでよいのでしょうか。挙げてきた例を見直してください。「辛（辛）」の次の語は「亥」「巳」「丑」などであることに気づかれることでしょう。「辛亥（しんがい（かのとゐ））」「辛巳（しんし（かのとみ））」「辛丑（しんちゅう（かのとうし））」です。明らかに干支（かんし（えと））です。干支なら「辛巳」でなければなりません。

漢字や干支に習熟していない日本人ゆえの過ちでしょうか。

そうではないことを「辛」用例で挙げた元颺将軍夫人墓誌が語ってくれます。前頁掲載の元颺将軍夫人墓誌をじっと見てください。山上碑同様に「己」と彫っていることに気づかれると思います。漢字・漢文の本国での例です。**間違いではなく、主体的に選ばれた書き方**です。

なぜ、そう彫ったのでしょうか。「彫られた」が答えです。

「そのように「彫られて」も、人々は「巳」と読んだ」ということです。広範な史・資料にあたってはいませんが、当時、「己」と「巳」は通用していたと見てよいでしょう。

一行目の二文字は「**辛己**（**辛巳**）」となります。

一行目 第三字

「辛巳」と来れば、第三字の「**嵗**」は「歳（さい）（とし）」の可能性が出てきます。確かに似ています。上部の形が「山」と「止」で異なっていますが、「**歳**」**の異体字**と見るのが妥当です。『金石文字典』を見ると、「歳」の項には「歳」と並んで「嵗」が二〇以上も載せられています。「歳」との比較で言うと、圧倒的に「嵗」が占めています。

「嵗」は、「辛」用例として挙げた法隆寺釈迦三尊像光背銘をはじめ那須国造碑（七〇〇年、栃木県大田原市）や多賀城碑（七六二年、宮城県多賀城市）にも見られます。例は示しませんが、朝鮮半島でも「嵗」が使われ続けています。

「嵗」は、中国諸王朝でも広く採用された字体でした。わけても、北魏の、五世紀後半から六世紀前半にかけての墓誌や顕彰碑に頻繁に見られます。

遡ると、王羲之の『蘭亭序』も「永和九年嵗在癸丑」と書き始められています。永和九年は東晋の年号で三五三年に当たります。東アジアの文人・官僚の書の手本となってきたものです。

とすれば、「嵗」は、「辛」と同時代に東アジア全域で広く使われた字体と考えてよいでしょう。このことも、山上碑が書かれるに至った流れを考える上で重要です。

一方で、現在の「歳」につながる字体の日本での確実な初見は和銅七年（七一四）銘を持つ佐井寺僧道薬の墓誌（奈良国立博物館蔵）です。「辛」用例で挙げた美努岡萬墓誌（七三〇年）では「嵗」と「歳」が共に使われています。徐々に「嵗」から「歳」に代わっていった様子を表している例と言えそうです。

一行目
第四字から第八字

第四字から第八字はほぼ現在の常用漢字体で拾えます。どなたも「集月三日記」と採字されたことと思います。

一行目は全体で「辛己（辛巳）嵗（歳）集月三日記」となります。

二行目

碑を直に見ている時はあまり感じませんが、拓本で見ると、大きく傾いて彫られていることにお気づきでしょう。升目を作らず自然石の面に沿って刻んだからです。これも山上碑の特徴です。

二行目
第一字から第四字

第二字から第四字は「野三家」と採字されたと思います。

問題は第一字です。人偏（にんべん）に「太」のように見えます。こんな字は見たことがありませんね。解説書の多くは「佐」と読み『金石文字典』も「佐」の項に入れていますが、同項に類似の字形はありません。「佐」と見るのは『万葉集』東歌（あづまうた）の「佐野」に引かれてのことです。異論はありませんが、「佐」と採字できる証拠はないでしょうか。

何とか証拠になりそうなものが見つかりました。七世紀半ばの難波宮跡（大阪市中央区）出土の木簡です。大阪市教育委員会がレントゲン写真を精査して読んだ字列です。

「皮留久佐乃皮斯米之刀斯（はるくさのはし（じ）めのとし）」と読まれています。その「佐」の字と比較的よく似ています。付け加えれば、「斯（し）」「刀（と）」も山上碑に見られます。もう少し確実な証拠がほしいのが本音ですが、**第四字までで**「**佐野三家**」となります。

難波宮跡出土木簡

二行目
第五字・第六字

第五字は「定」と採字されたと思います。現代の「定」の字形とほぼ同じです。問題は第六字です。摩滅がかなり進んでいます。貝偏は確認できそうです。旁は「易」の可能性が感じられます。現に『金石文字典』では「賜」と読み、類例に法隆寺金堂薬師如来像光背銘などを挙げています。バランスが微妙ですが「賜」で良いでしょう。

第五字・第六字で「定賜」となります。「定賜」は古代日本でよく使われた熟語です。

二行目
第七字から第十字

第七字は人偏に「聿」と見えますが、払いが付いています。そうなると「健」が当てはまりそうです。『金石文字典』も「健」と読んでいます。

第八字は「宀（うかんむり）」に「寸」と見えますので「守」と採字できます。

第九字は明らかに「命」です。「命」をどう読むかは後段で考えましょう。

第十字はかなり摩滅が進んでいますが、子偏（こへん）に「糸」と見えますので「孫」と採字できます。三行目の十一字目にも見えています。三行目の方が鮮明です。

第七字からつなげると「健守命孫」となります

二行目
第十一字から第十四字

第十一字は明らかに「黒」です。

第十二字は「賣」と見えますから「賣（売の旧字体）」の一字形です。

第十三字は、難波宮出土木簡にも見えた「刀」です。

第十四字は「台」のようにも「自」のようにも見えますが、「台」は新字体ですから「自」がふさわしいでしょう。実際、第十三字とつなげた「刀自」は金井沢碑に頻出しています。

第十一字からつなげると「黒賣(売)刀自」となります。

二行目 第十五字

第十五字は「此」の古代字体「乢」です。現代ではほとんど見ない字体ですが、古代では一般的な字体でした。『蘭亭序』から見えています。

『金石文字典』は百済(ペクチェ(くだら))王から倭王に贈られた七支刀(しちしとう(ななつさやのたち))(通説三六九年)から始めて埼玉稲荷山古墳出土鉄剣銘(四七一年)、法隆寺金堂釈迦三尊像光背銘(六二三年)、法隆寺金堂釈迦像・脇侍像光背銘(六二八年)、野中寺(やちゅうじ)弥勒菩薩像光背銘(六六六年、大阪府羽曳野市)など、山上碑以外に二〇点以上の例を挙げています。現代字体「此」の類似字体は多賀城碑(七六二年)だけです。朝鮮半島例としては好太王碑(四一四年)、丹陽赤城碑(タニャンチョクソン)(大韓民国忠清北道(チュンチョンブクドー)丹陽郡丹陽面、六世紀半ば)などが紹介されています。

二行目全体では「佐野三家定賜健守命孫黒賣(売)刀自乢(此)」となります。

「乢(此)」は指示代名詞です。直前の「黒賣(売)刀自」を指しますが、その使用には深い意味がありそうです。全文を読み通すなかで改めて考えてみましょう。

三行目

三行目の文字数は一番多そうですが、採字に慣れたと思いますので、数字ずつ確定していきましょう。

三行目
第一字から第四字

第一字から第四字は「**新川臣児**」と採字されたと思いますが、「新」は正確には「新」です。「辛」同様「立」の下に横棒が二本あります。しかし『金石文字典』が紹介している類例は広開土王碑だけです。山上碑に至る確かな流れがあるのか、「辛」に引かれての刻字か。今のところは断定できません。

三行目
第五字から第八字

第五字の「**斯**」は先に示したように難波宮出土木簡にも見えています。つぶれて見にくくなっていますが、**第六字**は「多」、**第八字**は「**弥**」と採字できます。現在とほぼ同じ字体です。『金石文字典』も「多」「彌（弥の旧字体）」に挙げています。

問題は第七字「〻」です。見たことがないという人もあると思います。文字と言うより記号です。繰り返しの記号です。「**二の字点**」と呼ばれています。

三千年ほど前の殷（いん）代の史頌鼎（しじょうてい）と呼ばれる青銅の器に原型が見られます。「子二孫二」とある「二」の部分です。「子子孫孫」と読みます。少しずつ形を変えて「〻」となりました。正統な繰り返し記号です。『蘭亭序』はじめ多くの古典や文書に見られています。**全体で**「**斯〻多弥**」となります。

日本では埼玉稲荷山古墳出土鉄剣銘（四七一年）に「世〻」と見られ、戊午年銘阿弥陀仏像光背銘（六五八年、根津美術館蔵）に「生〻世〻」と彫られています。同じ文言が法隆寺献納宝物菩薩像光背銘（六五四年、東京国立博物館蔵）では「生生世世」と彫られていました。弘仁四年（八一三）開催の『日本書紀』講読会ノート『日本書紀弘仁私記（甲本）』では持統天皇八年三月条に出てくる人物「百済土羅羅女」を「土羅〻女」と記しています。

正確に言うと、稲荷山古墳出土鉄剣銘では二つの点が並んでいるだけです。山上碑と同じ字形が見られるのは戊午年銘阿弥陀仏像光背銘で、『日本書紀弘仁私記（甲本）』に引き継がれました。このことは、山上碑がいつ建てられたかの一つの傍証になります。

「々」に置き換えている解説書も見られますが、**山上碑を彫った人は「〻」の意味を理解して彫っているのですから、「〻」と書く方が良いでしょう。**私もユネスコ世界の記憶登録に際して改めて向き合うまで「々」で済ませていました。不明を恥じるばかりです。

ちなみに「々」は後世の日本で作られた繰り返し記号です。山上碑を建て読み合った人々には理解できない記号です。

三行目
第九字から第十一字

第九字「𧾷」は非常によく似た文字が『蘭亭序』に見られます。「足」**の行書体**です。北魏・鄭道昭（ていどうしょう）（五一六年没）が父・鄭羲（ていぎ）（四二六～四九二）の事跡を顕彰した「鄭羲下碑」（五一一年）にも同形の文字が刻まれています。広く通用していた字体です。『金石文字典』紹介例の「足」は、ほぼ全てこの字体です。近いフォントで示せば「𧾷」でしょうか。

第十字は「尸（しかばね）」に「七」と見えますが「尸」に「匕（さじ）」の「尼」です。

第十一字は二行目でも紹介した「孫」です。

全体で「𤴔（足）尼孫」となります。

三行目
第十二字から第十四字

第十二字から第十四字は「大児臣」と採字されたことと思います。

三行目
第十五字から第十七字

第十五字は「取」と「廿」ないし「廾」と見えます。「娶」と採字できます。最終の第十七字は第十二字と同じ「児」です。

間の第十六字は「三」に見えますが、碑面を丁寧に見ると縦線が見えます。「生」です。第十五字〜第十七字の「娶生児（子）」という用例は『古事記』や聖徳太子の伝記である『上宮聖徳法王帝説』に見られています。古代の常套句の一つです。

三行目全体をつなげば「新（新）川臣児斯多〻弥𤴔（足）尼孫大児臣娶生児」となります。

四行目

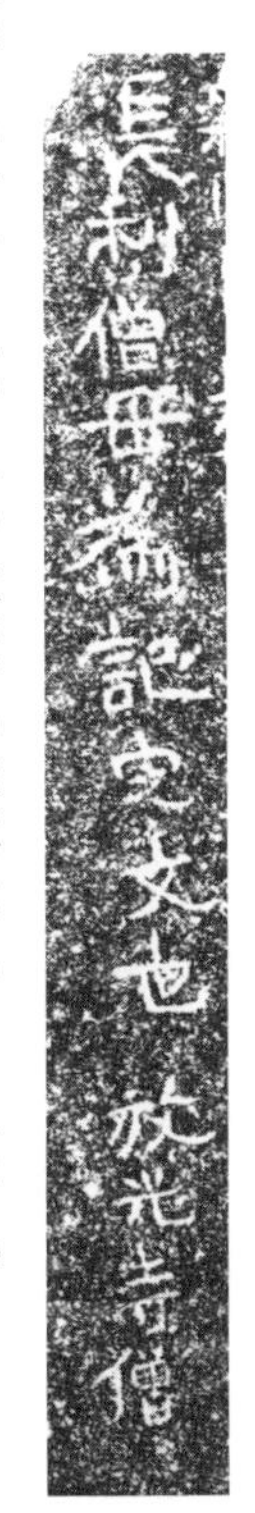

四行目は採字しやすいと思います。数字ずつ確定していきましょう。

四行目
第一字から第三字

第一字から第三字は「長利僧」と採字されたと思います。山上碑を書いた本人です。読み方の予想もつきそうですね。

四行目
第四字・第五字

第四字は「母」と採字されたと思います。正確には異体字「毋」です。先に示した北魏・鄭道昭「鄭羲下碑」（五一一年）に見えています。日本では、「[illegible]」例として挙げた戊午年銘阿弥陀仏像光背銘（六五八年）・法隆寺献納宝物菩薩像光背銘（六五四年）のいずれも、この字体を採用しています。と言うよりも、『金石文字典』掲載の「母」字はほぼこの字体です。

第五字は「為」です。旧字体「爲」ではなく常用漢字体「為」とほぼ一致しています。『金石文字典』掲載の「為」字体は、ほぼこの字体です。「辛」の正字と異体字の入れ替え同様、いつから旧字体が本流のようになったのか。興味深い課題です。

四行目
第六字から第九字

第六字は「記」。第七字は「定」と採字されたと思いますが、第二行の「定」が現代の字体とほぼ同じなのに対し、ここでは「宊」という異体字です。「宊」は法隆寺金堂釈迦三尊像光背銘などに見られます。なぜ一つの碑文の中に異なる字体が使われているのか。不思議です。彫り方の問題なのかもしれませんが、私にとっても課題です。

第八字は「文」。第九字の「也」は第一画と第二画が繋がっていますが、大変よく似た字形が「鄭羲下碑」に見られます。『金石文字典』掲載例では高句麗好太王碑の「也」が一番よく似ています。日本列島では野中寺弥勒菩薩像光背銘（六六八年）の「也」がこの形です。

第六字から第九字の全体で「記宅（定）文也」となります。

四行目
第十字から第十三字

第十字と第十一字の間は少し空いています。意識的に空けた「空格」と考えられますが、**第十一字から第十四字は「放光寺僧」**と採字されたと思います。「放光寺」は「長利僧」の居たお寺と考えられます。特定できています。後段で詳しく紹介します。

四行目全体は「長利僧母（毋）為記宅（定）文也　放光寺僧」となります。

碑文全体を常用漢字体で整理してみましょう

一文字一文字確定してきた文字を常用漢字体で整理してみましょう。碑文は升目を作って彫る形ではありませんが、読みやすいように升目に入れてみました。

辛	佐	新	長
巳	野	川	利
歳	三	臣	僧
集	家	児	母
月	定	斯	為
三	賜	多	記
日	健	々	定
記	守	弥	文
	命	足	也
	孫	尼	
	黒	孫	放
	売	大	光
	刀	児	寺
	自	臣	僧
	此	娶	
		生	
		児	

自然石をほとんど加工せず升目も作らず彫っていることが山上碑の特徴ですが、このように整理してみると、行とスペースを使って①一行目、②二行目から四行目の第十字まで、③四行目の第十一字以降の三つの塊で碑文を構成していると見られます。

山上碑を書いてみましょう

文字が確定できましたから、山上碑を自分の手で書いてみましょう。碑文字体どおりのお手本とトレース用のページを用意しました。挑戦してみてください。升目を使って常用漢字体でとお考えの方には升目も用意しました。どちらでも良いので書いてみてください。書く・読むという実感がわいてきます。

山上碑

左頁のお手本を見て、右頁でトレースしてみましょう。

辛巳歳集月三日記
佐野三家定賜健守命孫黒賣刀自此
新川臣児斯多々弥足尼孫大児臣娶生児
長利僧母為記定文也放光寺僧

辛己歳集月三日記
佐野三家定賜健守命孫黒賣刀自此
新川臣児斯多々弥足尼孫大児臣娶生児
長利僧母為記定文也 放光寺僧

書：伊東俊祐

山上碑を文章として読みましょう

行とスペースを使った三つの塊で碑文が構成されていることを意識しながら山上碑を読んでいきましょう。通読です。原則として現代仮名遣いで読んでいきますが、史料引用には歴史的仮名遣いを用いる場合もあることを予めご了解ください。

第一の塊・一行目「辛巳歳集月三日記」

第一の塊は「辛巳歳集月三日記す」と読み下せます。何年何月何日にこの碑を記したかを示す独立した文です。

しかし、「辛巳歳」が西暦何年のことで、音読み「しんしさい」と訓読み「かのとみのとし」のどちらがよりふさわしいか、「集月」は何月のことで、どう読むのがふさわしいかは現段階では分かりません。そこで、ふりがなを振ってありません。碑文全体を読んで初めて分かってくることですが、現段階でも二つのことが指摘できます。

第一に、**山上碑は、干支（えと）「辛巳歳」で書き始めていますが、山上碑の他の部分にも元号（年号）表記はありません**。そして、山上碑同様、干支で書き始める金石文は古層に属し、元号表記がありません。

表3で示したように、四七一年の埼玉稲荷山古墳出土鉄剣銘は「辛亥年七月中記」、六二八年の法隆寺金堂釈迦三尊像光背銘は「戊子年十二月」、六五一年の法隆寺献納宝物金銅観音菩薩像台座銘は「辛亥年七

月十日記」、六五四年の法隆寺献納宝物釈迦像光背銘は「甲寅年三月」、六五八年の旧観心寺蔵阿弥陀仏像光背銘は「戊午年十二月」、六六六年の法隆寺献納宝物菩薩半跏像台座銘は「歳次丙寅年正月生十八日記」、六九二年の出雲鰐淵寺観音菩薩像台座銘は「壬辰年五月」から書き始めています。そして、これらの金石文には元号は見られません。一方、後に示すように、七一一年の多胡碑は和銅四年、七二六年の金井沢碑は神亀三年と、元号を用いて時を表しています。

このことから、山上碑は元号が定着する以前の建立と考えられます。

第二に、「集月」という表現は山上碑固有で、他に例が見出せません。

表3　干支で書き始めた金石文

西暦	金石文名	書き出し
四七一年	埼玉稲荷山古墳出土鉄剣銘	辛亥年七月中記
六二八年	法隆寺金堂釈迦三尊像光背銘	戊子年十二月
六五一年	法隆寺献納宝物金銅観音像台座銘	辛亥年七月十日記
六五四年	法隆寺献納宝物釈迦像光背銘	甲寅年三月
六五八年	旧観心寺蔵阿弥陀仏像光背銘	戊午年十二月
六六六年	法隆寺献納宝物菩薩半跏像台座銘	歳次丙寅年正月生十八日記
六八一年	山上碑	辛巳歳集月三日記
六九二年	出雲国鰐淵寺観音菩薩像台座銘	壬辰年五月

「集」は「十」と音が近いから「十月」のこととする解説書がありますが、論拠は薄弱です。『辞海』にも『全訳漢辞海』にも、歴代の史料を項目毎に整理した『故事類苑』にも月の異名としての「集月」は見当たりません。そもそも、それらの辞典類に「集月」という言葉自体が見出せません。「焦月」ならば六月の異名

として広く知れわたっていますが、山上碑の文字はどう見ても「集月」としか読めません。何月かは分からないと言わざるをえません。

安易に「十月」と読まない方が良いでしょう。

現段階では「集月（しゅうげつ）」と読んでおくのが史料に対する真摯な態度と思われます。

第二行から第四行第十字までは一つの塊と捉えることができます。一方で、行替えが意識されていると見られますので、行ごとに読んでいきましょう。

第二の塊①二行目「佐野三家定賜健守命孫黒売刀自此」

まずは第二行目「佐野三家定賜健守命孫黒売刀自此」の読みに挑戦しましょう。

「佐野三家」から読んでいきましょう

「佐野」は「さの」と読めそうですが、「さぬ」と読む説もあります。「東詞（あづまうた）（歌）」と題詞が付けられた『万葉集』巻十四で万葉仮名「努」が「野」の音を表していることが論拠です。

『万葉集』の表現を検証してみましょう。対象となるのは三四〇六番・三四二〇番・三四七三番の三つの歌です。「野」と「努」の関係を考えるだけですので、部分だけを引き出して比べてみます。

三四〇六番：可美都気**野**　左**野**乃九久多知（上毛**野**（かみつけの）　佐（さ）**野**の茎立（くくたち））

三四二〇番：可美都気**努**　佐**野**乃布奈波之（上毛**野**　佐**野**の舟橋（ふなはし））

三四七三番：左**努**夜麻尓（佐**野**山（やま）に）

可美都気**野**=可美都気**努**（=上毛野）、左**野**=佐**野**=左**努**から、**野**=**努**となります。

このことに最初に気づいたのは本居宣長の弟子、石塚龍麿（一七六四～一八二三）でした。龍麿は「努」は「ぬ」の音を表していると考えました。龍麿の研究の中心は万葉仮名には二種の書き分けがあることの指摘だったのですが、「野=ぬ」説は人々を惹きつけました。

万葉仮名の書き分けは橋本進吉（一八八二～一九四五）によって深められ上代特殊仮名遣い論にまとめられましたが、「努（怒・弩）」の音価は「ぬ」でなく二種類ある「の」のうちの「の甲類（no）」を表す文字と確定されました。一方で「ぬ（nu）」には二種の書き分けはなく、借音では「奴」、借訓では「沼」や「渟」が使われていることも明らかになりました。

龍麿の研究は大きな一歩でした。上代特殊仮名遣い論の基礎ともなりましたが、音価の比定にはずれがあったことになります。**万葉仮名の「努（怒・弩）」は「の（no）」に収まりました。「佐野」は「さの」、「上毛野」は「かみつけの」と落ち着きました。**

しかし、今なお、多くのところで「さぬ」「かみつけぬ」が独り歩きしています。歴史学と言語学の間での共通理解の不足です。早急に改め国民理解に供する必要があります。

「三家」は「みやけ」

「みやけ」は「三宅」の表記が一般的ですが、『古事記』は、神武天皇（神倭伊波礼毘古天皇）の次子・神八井耳命の末裔に筑紫三家連という氏族を上げています。系譜の信憑性には異論もありますが、筑紫三家連という氏族の実在は疑えません。また、天平宝字二年（七五八）の正倉院文書に筑前国早良郡額田郷の人が自分の名を「三家」、「三宅」の二通りで書いているものがあります。「みやけ」で間違いありません。

詳しく言うと、「三」を「み」と読むのは借訓です。家が三軒あったわけではありません。「家」を「やけ」と読むのも訓読みです。大伴家持の例から納得いただけると思います。

三家（三宅）は『日本書紀』などでは屯倉と書かれます。王権の直轄地と説明されますが、王権直結の特別な開発拠点、特区と考えた方が実態にあっているようです。

「佐野三家」で佐野の地に置かれた三家（三宅・屯倉）、あるいは、その管理者としての官職名または管理者に与えられた氏姓を指します。

「佐野三家定賜健守命孫」までを読んでいきましょう

「佐野三家」に続く「定賜」は古代史料に散見され「さだめたまふ」と読まれています。

『古事記』に三例四回、『万葉集』に二例、『続日本紀』には十一例十三回現れています。『先代旧事本紀』では「国造本紀」を中心に頻出しています。なぜか『日本書紀』には一例もありません。

『古事記』は、「大国小国之国造」「国国之堺及大県小県之県主」（成務天皇段）、「海部、山部、山守部、伊勢部」（応神天皇段）、「天下之八十友緒氏姓」（允恭天皇段）を「定賜」と書いています。国の境やその地を治める国造・県主、海部・山部などの役職、仕える人々の氏姓を天皇が決められたという内容です。『先代旧事本紀』の用例も準じます。

『万葉集』は「常宮跡定賜」（一九六番）、「天都御門乎懼母定賜」（一九八番）と出てきます。

一九六番は七〇七年薨去の明日香皇女、一九八番は六九六年薨去の高市皇子、それぞれの殯宮（もがりのみや）

で柿本人麻呂が詠んだ**挽歌の中**の文言です。天皇あるいは皇子女が決められてということを「定賜」で表しています。

『続日本紀』は十一例十三回と例が多く、元明天皇の和銅改元（七〇八年）から桓武天皇の実母・高野新笠の立皇太夫人（七八一年）にまで及んでいます。全てが、やまとことばでの詔勅、**宣命の中**で使われ、天皇あるいは皇祖の行いを「定賜」と記しています。

以上の史料での「定賜」の用法は明確です。対象は土地、役職、地位、氏姓、改元と多岐にわたるものの、全て**天皇**（・皇族）**あるいは皇祖の行い**です。

また、漢文体の詔勅には見られず、宣命や挽歌に集中していることは、「定賜」が漢文熟語ではなく、**やまとことば「さだめたまふ」に当てて日本で作られた熟語**である可能性を示唆しています。漢文体を意識した『日本書紀』に例がないのは、そのためかもしれません。

「**健守命**」は「**たけもりのみこと**」と読めます。

「健＝たけ」「守＝もり」に異論はないでしょう。現に、七三〇年代の上呈と見られている『肥前国風土記』は「たけ（る）」に「健」の字を当てています。

「命」は「いのち」ではなく「みこと」と読みます。現在でも、神葬祭では男性は〇〇大人命、女性は〇〇刀自命として祀られます。このように、古来「命」は神様あるいは偉大なご先祖様を意味する言葉として使われてきました。「健守命」は神様と言うよりも偉大なご先祖様と考えられます。

しかし、いくら偉大なご先祖様とはいえ、健守命は天皇あるいは皇祖ではありませんから、「**定賜**」の主語にはなれません。「さだめたまふ」ではなく「**さだめたまはる**」の受け身での読みがふさわしいでしょう。

次の「孫」の文字。「まご」と読みたいところですが、いわゆる孫(まご)なのか、子孫なのか。この段階では断定できません。「孫」のままにしておきましょう。暫くお待ちください。

「佐野三家(さののみやけ)を定(さだ)め賜(たまわ)る健守命(たけもりのみこと)の孫」となります。

とすれば、「佐野三家」は、佐野の地に置かれた王権直結の開発拠点・特区そのものを指すと考えるよりも、三家の管理者としての健守命に与えられた官職名または氏姓と考えた方が良いようです。

第二行全体「佐野三家定賜健守命孫黒売刀自此」を読んでみましょう

「黒売刀自」の「黒」は訓読み、「売」は「め甲類」の音仮名です。「くろめ」と読めます。女性名です。「刀自」は古代史料に頻出しています。「とじ」と読まれています。女性名の一部か女性敬称です。金井沢碑には五か所も見られます。

ここまでで「佐野三家(さののみやけ)を定(さだ)め賜(たまわ)る健守命(たけもりのみこと)の孫、黒売刀自(くろめとじ)」と通読できます。

次の「此」は「黒売刀自」を指す指示代名詞です。「これ」と読めます。ここに挿入された理由は、第二の塊全体を読み直すことで考えましょう。

第二の塊②三行目「新川臣児斯多々弥足尼孫大児臣娶生児」

「新川臣児斯多々弥足尼孫大児臣」まで一気に読んでみましょう

「新川臣」の「新」字は、古代においては「にひ」ないし「にふ」に当てられた漢字です。「新川」で「にひ(い)かは(わ)」と読むのが妥当です。「新」の読みを上野国(群馬県)に関わる例で示せば、太田(おおた)市周辺の新田(にった)郡の読みが当てはまります。「新田」は平安時代前半にまとめられた日本最初の百科事典『和名類聚抄』では「爾布太」と読みが振られています。それが徐々に訛って「にった」となりました。新田義貞の出身地、徳川家康が父祖の地と信じた場所です。

話を新川に戻すと、新川と書かれる地名が桐生市新里町新川に見出せます。

「臣」は「おみ」で姓と見られますが、今のところ他の文献などで新川臣という氏族の存在は確認できませんので、「新川臣」は新川の地に勢力を持った有力者ないし有力氏族と見るに止めておきましょう。「児」は「子」ですから、ここまでで「**新川臣の児**」となります。

「**斯多々弥**」**は万葉仮名表記**です。「**したたみ**」と読めます。小型の巻貝で『古事記』中巻の記紀歌謡には「志多陀美」と書かれています。「細螺」という表現もあり、磯辺に多く棲息しているそうです。内陸の群馬とどう関わるのか。

一つの可能性として、新川・新田に連なる群馬県東南部の低地が利根川・渡良瀬川水系合流域の低湿地・沼沢地であることが考えられます。縄文海進期（六〇〇〇年前頃）には古江戸湾が入り込んでいましたし、日本遺産「里沼」（館林市）、重要文化的景観「利根川・渡良瀬川合流域の水場景観」（邑楽郡板倉町）につながる地域です。

「**足尼**」**も万葉仮名表記**です。「**すくね**」と読めます。姓「宿禰」の一表現です。比較的古い書き方に多く、埼玉稲荷山古墳出土鉄剣銘文や『上宮聖徳法王帝説』に使われています。『続日本紀』によれば宝亀四年（七七二）五月に宿禰に統一するよう命令が出されていますから、「足尼」の記載は山上碑の古さを傍証しています。

「**斯多々弥足尼の孫**」となりますが、他の史料に「斯多々弥足尼」と読める氏族も個人も見えていません。「すくね」は「直根」の音表記と見ることも可能ですから新川臣の嫡系という意味かもしれません。

次は「**大児臣**」です。山上碑には「児」が三回出てきます。他の二回は「こ」と読めますから、ここも「こ」と読むのが妥当です。「**大児臣**」となります。新川臣、斯多々弥足尼同様、他の史料に見えませんが、「おほご」と読めば前橋市大胡地区に名が残ります。その大胡地区の茂木山神Ⅱ遺跡からは「大兒万財□」と墨書された九世紀のものと見られる土器が出土しています（旧・大胡町教育委員会『茂木山神Ⅱ遺跡』二〇〇一年）。

第三行全体「新川臣児斯多々弥足尼孫大児臣娶生児」を読んでみましょう

「**娶生児**」は「**娶り生む児**」と読めます。そう読めるのは例があるからです。

『古事記』では天皇の御子達を紹介するごとに、この書式が出てきます。上野国に関わる事例として上毛野君の始祖とされる豊木入日子命（『日本書紀』では豊城入彦命）の箇所を引用しておきましょう。まずは原文です。

御真木入日子印惠命、坐二師木水垣宮一治二天下一也。此天皇、**娶**二木國造、名荒河刀辨之女、遠津年魚目目微比賣一**生御子**、豊木入日子命。次豊鉏入日賣命。

読み下すと次のようになります。

御真木入日子印惠命（崇神天皇）、師木水垣宮に坐しまして天の下治らしめしき。此の天皇、木國造、名は荒河刀辨の女、遠津年魚目目微比賣を**娶り生みませる御子**、豊木入日子命。次に豊鉏入日賣命。

次に『上宮聖徳法王帝説』の例を引いてみましょう。聖徳太子が用明天皇の正嫡男であることを示す冒頭の部分が例となります。まずは原文です。

伊波礼池邊雙槻宮治天下橘豊日天皇、**娶**㆓庶妹穴穂部間人王㆒、爲㆓大后㆒、**生児**、厩戸豊聰耳聖徳法王、次久米王。

読み下すと次のようになります。

伊波礼池邊雙槻宮に治天下橘豊日天皇（用明天皇）、庶妹（異母妹）穴穂部間人王を**娶り**大后となし生**みませる児**、厩戸豊聰耳聖徳法王、次に久米王。

気取って原文を引いているわけではありません。男性が女性を娶り生む児（『古事記』では子）という構造、表現の形を確認していただきたいがためです。

『古事記』などは漢文体なので《男性、娶女性、生児》の語順ですが、日本語の語順なら《男性が女性を娶り生む児》か《女性を男性が娶り生む児》となります。

山上碑は《**女性を男性が娶り生む児**》という日本語の形です。

三行目全体では「**新川臣の児**、**斯多〻弥足尼の孫**、**大児臣**、**娶り生む児**」と読めます。第二行とつなげば「**佐野三家を定め賜る健守命の孫**、黒売刀自、**此を**、新川臣の児、斯多〻弥足尼の孫、**大児臣**、**娶り生む児**」となります。第二行の最後尾に「此を」と入れることで、黒売刀自を大児臣が娶ったことが鮮明に浮かび上がります。

「娶」は「めとる」と読んでも「めとす」と読んでも良いと思います。『古事記』の「娶」を日本古典文学大系本は「めとす」、日本古典集成本は「めとる」と読んでいるからです。

さらに日本思想体系本や国史大系本は敬語表現で「みあひたまふ」と読んでいます。天皇が主語の形だからです。山上碑の場合、敬語表現は不要でしょうが「あふ（う）」もありえます。

ただ、一部の公的解説で「とついで」と読んでいるのだけはいただけません。英語に置き換えて比喩的に説明すれば take を「与える」、give を「取る」と訳すようなものです。十年ほど前までは、どの解説も「めとる」と読んでいたのに、「世界の記憶」登録前後から一部の公的解説で「とついで」と読むようになっています。理解しがたい変更です。山上碑見学の際には、くれぐれもご注意ください。

第二の塊③四行目第十字まで

四行目の残りは「**長利僧、母（はは）の為（ため）に記（しる）し定（さだ）める文也（ふみなり）**」と読めます。**明らかに日本語の語順**です。文法的には「定むる」が正確でしょうが、読み継ぐことをを考え、現代流の「定める」と読んでおきたいと思います。

長利僧が三行目の「**児**」ですが、**彼が母の為に碑を建てた**ことが読み取れます。

第十字の「也（なり）」は漢文用例からの援用です。文の終了を示す表現です。「なり」の漢字表現として定着し現在でも使われています。付属語を表現するために漢文用例を援用した典型例です。こうした努力、工夫があったことも忘れてはならないと思います。

一つ問題があります。「長利僧」をどう読むかです。「長利」は、法号なら音読みの「ちょうり」、個人名なら訓読みの「ながとし」が当てはまります。従前、私は、音感の良さから「ながとし」派を自認してきましたが、現在では「ちょうり」派に傾いています。

「僧」も読みの難しい文字です。インドから仏教が入ってきた時、中国の人々は音訳と意訳の両睨みで仏教修行者の漢字表現を試みました。仏教用語（梵語）samgha の音訳が「僧」で、意訳が「法師」です。仏教東伝に際し、「僧」も「法師」も受け入れました。『日本書紀』の読みにおいて、国史大系本も日本古典文学大系本も、「法師」「僧」共に「ほふし」と読んでいます。そこで、「**長利僧、母の為に記し定める文也**」を案として提示します。

第二の塊全体を日本語として読む

第三の塊全体は「**佐野三家を定め賜る健守命の孫、黒売刀自、此を、新川臣の児、斯多々弥足尼の孫、大児臣、娶り生む児、長利僧、母の為に記し定める文也**」となります。

一つの文です。しかも明らかに日本語の語順です。一度も返ることなく読めます。

しかし、『古事記』などの《男性が女性を娶る》形ではなく、《**女性を男性が娶る**》という独特の形となっています。長利僧が重視し敬慕の念を強くしているのは母方の系譜と母・黒売刀自だからです。そのため、表現の工夫が必要となりました。

それが母方の系譜を先行させ、その最後尾に「此を」を挿入した理由と思います。母方の系譜と母に照準を据えていることが鮮明になっています。母だけが「黒売刀自」「此」「母」と表現を変えて三回も出現しています。工夫に工夫を重ねた構文と感じられます。

二行目　（**母方の系譜**）　佐野三家＝健守命……（孫）……**黒売刀自＝此＝母**

四行目　**児＝長利僧**

三行目　（父方の系譜）　新川臣－斯多々弥足尼……（孫）……大児臣

※孫は、いわゆる孫か子孫かまだ断定できないので……（孫）……と表現しました。

第三の塊「放光寺僧」

第三の塊は「放光寺の僧」と読めます。これで独立した一つの文です。建碑者の署名と見られます。

長利僧と放光寺僧を別人と見る向きもありますが、当時、正式な僧となることは大変なことでしたから、自分を育て僧への道を切り開いてくれた母への感謝はとても深かったと思われます。同一人物と見る方が自然でしょう。

「放光」は仏・菩薩の身体あるいは白毫から発せられる光を表す仏教用語です。放光寺は音読みがふさわしいでしょう。**「ほうこうじ」**です。長利僧の居た寺と考えられます。

放光寺は他地域にもあったでしょうが、群馬県にも放光寺と呼ばれる古代寺院がありました。しかも高い寺格の寺でした。

そのことを知らせてくる史料があります。「上野国交替実録帳」と呼ばれる史料です。国司の事務引継に関わる文書です。平安時代後期の長元三年（一〇三〇）の作とされています。「上野国交替実録帳」研究の第一人者である前澤和之先生のご教示によれば、「上野国交替実録帳」には国衙や郡家、国学、主要な神社や寺院の資財状況、上野国の財政状況や班田図、戸籍帖の状況などが詳細にまとめられています。前澤先生が名付けられているように「千年前の県政白書」です。（前澤和之『上野国交代実録帳と古代社会』同成社）

そこに国分二寺（僧寺＝金光明四天王護国之寺、尼寺＝法華滅罪之寺）に次ぐ定額寺四寺のトップに「放光寺」と出てきます。定額寺とは天平勝宝元年（七四九）に定められた寺格です。主要な官寺に次ぐ寺格です。

その放光寺はどこにあったのでしょうか。山王(さんのう)廃寺と呼ばれてきた前橋市総社町(そうじゃまち)の寺院址を放光寺とみなす見解が有力です。私も、その見方に与するものです。発掘調査などで「放光寺」「方光」とヘラ描きされた瓦が複数発見されているからです。

一辺八〇メートルほどのほぼ正方形の回廊の中に、南から見て右に五重塔、左に金堂があったことも分かってきています。法隆寺の鏡写しです。建造年代は六七〇年前後と見られています。立地地点は飛鳥・奈良時代の上毛野国の中枢部に位置します。

放光寺の実像が見えてきたことで、課題として残した「**辛巳歳**」の年代が決まります。

「辛巳歳」は干支表現ですから、最近年の二〇〇一年から同じ干支が巡ってくる六十年ごとに遡っていくことができます。そのように数えていくと、元号定着以前で放光寺の存在が確認される年とすれば六八一年しかありません。六二一年では放光寺が建てられていませんし、七四一年ではすでに元号が定着しているからです。

辛巳歳が六八一年と定まり、山上碑が日本語の語順で書かれているとすれば、しかも、訓読みと万葉仮名を中心としたかなり成熟した書き方となっているとすれば、干支も訓読みされていた可能性が高まります。音読みでないとは言い切れませんが、「**かのとみのとし**」と読んでおきたいと思います。

山上碑を通読しましょう

孫は、いわゆる孫か子孫か、どう読んだらよいのか

しかし、山上碑を通読するには一つ解決しておかなくてはならない問題があります。碑に二か所現れている「孫」は、いわゆる孫か子孫か、どう読んだら良いかという問題です。

長利僧の母・黒売刀自は健守命の孫、父・大児臣は斯多々弥足尼の孫と書かれています。しかし、この「孫」をいわゆる孫と考えると、長利僧にとっての父母両系の曽祖父の名は書かれているのに（父方では高祖父まで書かれています）、いずれの祖父の名も書かれていないということになります。何とも不思議です。おかしいと言った方がよいほどです。

山上碑に書かれている「孫」は子孫を意味し、長利僧にとって健守命と新川臣・斯多々弥足尼が重要な祖先であることが強調されていると考えた方が理にかなっています。

そのように考えられるなら、「孫」は「まご」と読まず、**子孫を意味する「うみのこ」**と読んだ方が良いのではないでしょうか。

通読してみましょう

準備が整いました。山上碑全文を通読しましょう。「読み継ぐ」ことを考えれば、字体は常用漢字体、読みは現代仮名遣いで良いでしょう。次のようになります。

辛巳歳集月三日記す。

佐野三家を定め賜る健守命の孫、黒売刀自、此を、新川臣の児、斯多〻弥足尼の孫、大児臣、娶り生む児、長利僧、母の為に記し定める文也。放光寺の僧。

原文の現代仮名遣い読み下しが「読み継ぐ」道

現代語訳すれば、次のようになりますが、訳すまでもなく大意はつかめるでしょう。


（六八一年と考えられる）辛巳歳集月三日に記します。

佐野三家（という役職ないし氏姓）を定め賜った健守命の子孫である黒売刀自、此（の人）を、新川臣の児である斯多〻弥足尼の子孫である大児臣が娶って生んだ児である長利僧が母の為に記し定めた文です。

（碑を書き建てたのは）放光寺の僧です。


大意をつかめるだけでなく、原文の現代仮名遣い読み下しの方がリズム感もあって読みやすいと感じられます。このリズム感で読み継ぎたいものです。

山上碑の価値を確認しましょう

山上碑を諳んじられるほどになられたことでしょう。そこで改めて問いましょう。

山上碑はどの点で「世界の記憶」登録にふさわしい記念物なのでしょうか。

完全な形で現存する日本最古の石碑

まず、山上碑は完全な形で残されています。彫られた字体は、自らが本物であることを証明していました。「世界の記憶」登録条件の完全性と真正性を有しています。

では一体、山上碑は日本の石碑の中でどのような位置を持っているのでしょうか。

また、山上碑に至る系譜は何を知らせてくれているのでしょうか。

表4　平安遷都以前の古代石碑の状態

西暦	石碑名	現存	完形	所在	備考
五九六年	伊予道後温泉碑	×		愛媛県松山市	
六四六年	宇治橋断碑	△	×	京都府宇治市	
六六九年	藤原鎌足碑	×		大阪府太子町	
六八一年	山上碑	○	○	群馬県高崎市	
六八九年	釆女氏塋域碑	×		大阪府太子町	拓本のみ残る
七〇〇年	那須国造碑	○	○	栃木県大田原市	
七一一年	多胡碑	○	○	群馬県高崎市	
七一七年	超明寺碑	○	×	滋賀県大津市	部分残存
七二一年	元明天皇陵碑	?		奈良県奈良市	実見者なし
七二三年	阿波国造碑	○	○	徳島県石井町	陶製
七二六年	金井沢碑	○	○	群馬県高崎市	
七五一年	竜福寺層塔	○	△	奈良県明日香村	読める部分僅かか
七五三年	仏足石・仏足石歌碑	○	○	奈良県奈良市	
七六二年	多賀城碑	○	○	宮城県多賀城市	
七七〇年	南天竺婆羅門僧正碑	×		奈良県奈良市	
七七五年	大安寺碑	×		奈良県奈良市	
七七八年	宇智川磨崖碑	○	○	奈良県五條市	年紀は推定
七九〇年	浄水寺南大門碑	○	○	熊本県宇城市	

古代石碑は十八あると言われていますが…

平安遷都（七九四年）以前の古代石碑は十八あるとする解説書が多く見られます。国立歴史民俗博物館の集計に基づくものです。

しかし、表4を一見して分かるように、伊予道後温泉碑（五九六年）・藤原鎌足碑（六六九年）・采女氏塋域碑（六八九年）・南天竺婆羅門僧正碑（七七〇年）・大安寺碑（七七五年）は現存していません。元明天皇陵碑（七二一年）も見た人間はいません。

宇治橋断碑（六四六年）は文字通りの断碑です。超明寺碑（七一七）も碑の一部です。竜福寺層塔（竹野王石塔、七五一年）もほんの一部しか読むことができません。

阿波国造碑（七二三年、徳島県名西郡石井町）は完全性・真正性を有していますが石製ではなく陶製です。

完全性・真正性を有する碑は、陶製の阿波国造碑を含めても九が正確と思います。

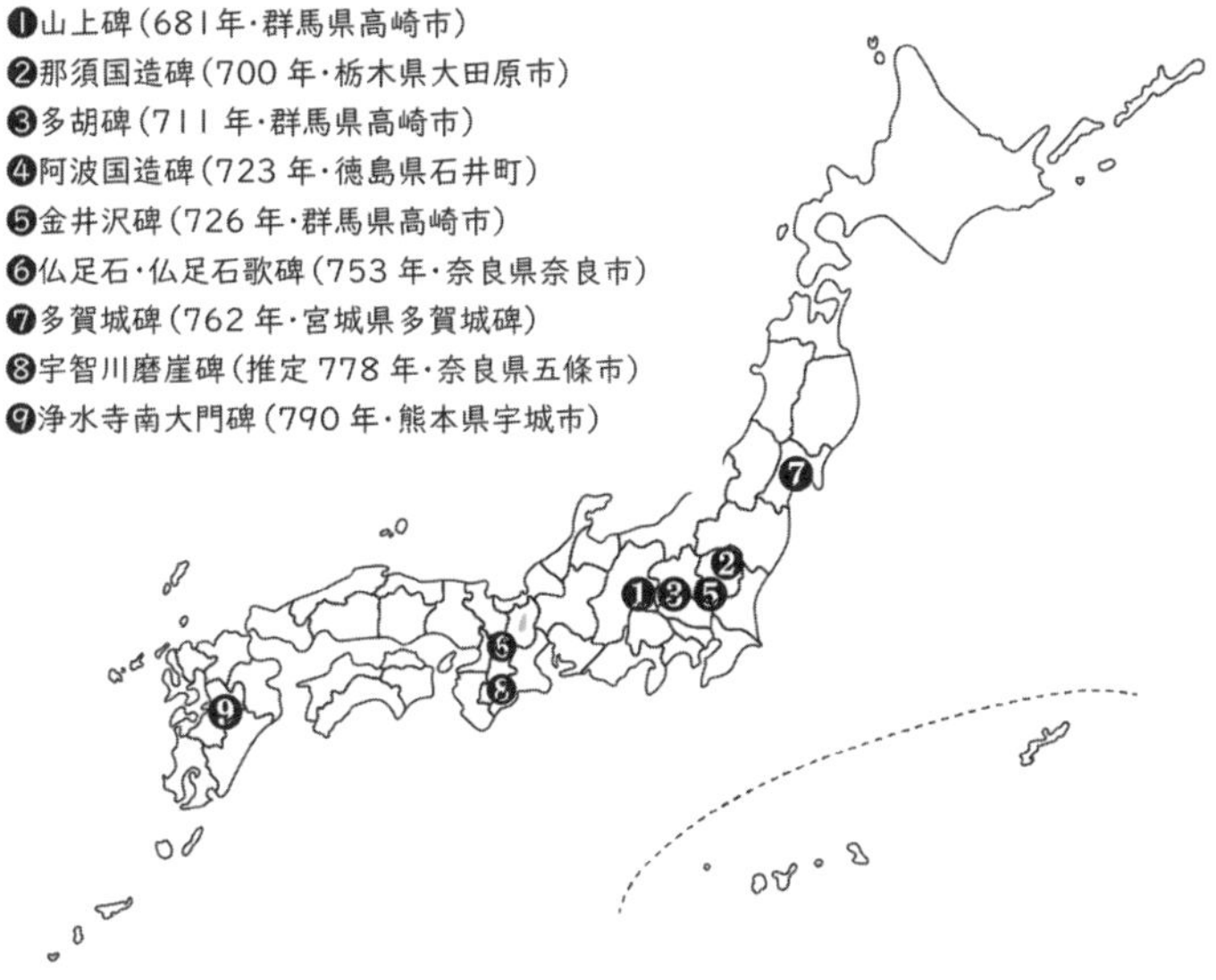

❶山上碑（681年・群馬県高崎市）
❷那須国造碑（700年・栃木県大田原市）
❸多胡碑（711年・群馬県高崎市）
❹阿波国造碑（723年・徳島県石井町）
❺金井沢碑（726年・群馬県高崎市）
❻仏足石・仏足石歌碑（753年・奈良県奈良市）
❼多賀城碑（762年・宮城県多賀城碑）
❽宇智川磨崖碑（推定778年・奈良県五條市）
❾浄水寺南大門碑（790年・熊本県宇城市）

図２　完全性と真正性を有する古代石碑の分布

山上碑は完全性と真正性を有する最古の石碑・上野三碑は日本最古の石碑群

図2で見れば明らかなように、山上碑は完全性・真正性を有する最古の石碑です。七一一年の多胡碑は三番目、七二六年の金井沢碑は五番目になります。上野三碑は確かに日本最古の石碑群です。

山上碑・多胡碑間の二番目は七〇〇年の那須国造碑、多胡碑・金井沢碑間の四番目は陶製の阿波国造碑、七番目は七六二年の多賀城碑です。いずれも当時の都からは離れた地域です。飛鳥・奈良地域の碑は六番目の仏足石・仏足石歌碑（七五三年、奈良市）と八番目の宇智川磨崖碑（七七八年、五條市）だけです。

完全性・真正性を有する古代石碑のこうした分布は、古代国家とそこに暮らした人々の成熟が、都周辺だけではなく、全国で遍く進んでいたことを示しています。

特に石碑に関しては、東国の中心性・先進性が浮上します。その検討は三碑総体としての価値を考えるなかで改めて深めるとして、碑の形態や彫られた文言から山上碑に至る系譜を考えておきましょう。

山上碑の基盤の一つは新羅石碑

自然石のまま、面も整えず、升目も作らず

碑の形から考えていきましょう。山上碑は自然石のまま、面も整えず、升目も作らずに碑文を書いています。金井沢碑もこのタイプです。

当たり前と思わないでください。東アジアにおける石碑発祥の地である中国などでは、石の形を整えて平面を作り出し、升目を配して文を書いています。升目こそ作っていないものの、多胡碑は石を整形して平面を作り出し、文字数も整えています。年代的に山上碑と多胡碑の間に位置する那須国造碑も多胡碑タイプです。

上野三碑の形

上段：自然石をそのまま利用した山上碑　正面（右）　側面（中）　裏面（左）
中段：四角柱に整えられた多胡碑　正面（右）　側面（中）　裏面（左）
下段：自然石をそのまま利用した金井沢碑　正面（右）　側面（中）　裏面（左）

那須国造碑や多胡碑は公的な性格や記念碑的な性格が強いのに対し、山上碑・金井沢碑は私的・家族的性格が強いためと言われていますが、思想的あるいは宗教的背景や伝来経路の違いもあるのかもしれません。

自然石のままだから安直ということではありません。ふさわしい石を丹念に探し出し、石の形に合わせて行替えを考えながら碑文を彫っていることに改めて注目したいと思います。金井沢碑にも同様の創意工夫が見られます。

選び抜かれた漢字を使い日本語語順で作文

採字の段階では、「辛」「嵗」「㞢」「𠮧」など、現代と異なる字体に出会って戸惑われた方もあったかと思いますが、碑文作者は、日本語（やまとことば）に合わせて漢字を選ぶなかで、当時の東アジアに広まっていた漢字字体を正確に彫っていたということです。そうした字体は、山上碑が本物であることを自ら証明することにもなりました。「辛己」の「己」が誤字ではないことも納得いただけたと思います。

改めて見直してみると、山上碑に彫られている漢字のうち、中学生までに習わない文字は「此」「斯」「娶」「也」の四文字だけです。全五三文字の一割にも達しません。「賣」は「売」の旧字体の一字形で「め」の音、「ゝ」は正統な繰り返し記号と説明すれば、小学校高学年以上なら、ほぼ全ての文字が拾えます。当時の人々にも山上碑は読みやすかったと思います。読みやすさの根源はどこにあるのでしょうか。

山上碑タイプの起点は新羅

山上碑は日本最古の石碑ですから、起点があるとすれば朝鮮半島の石碑が候補となります。そこで日本列

表5　高句麗・百済・新羅石碑一覧

西暦	高句麗	百済	新羅	備考
四一四年	好太王碑			
四八〇年代	中原高句麗碑			
五〇一年			辛巳年銘浦項中城里碑	
五〇三年			癸未年銘迎日冷水里碑	
五二四年			甲辰年銘蔚珍鳳坪碑	
五三六年			丙辰年銘永川菁堤碑	
五四五年＋α			赤城碑	
五五一年			明活山城碑	
五五五年頃			北漢山巡狩碑	
五六一年			昌寧巡狩碑	
五六八年			黄草嶺・磨雲嶺真興王巡狩碑	
～五七八年			慶山林堂遺跡出土古碑	
五七八年			戊戌年銘塢作碑	
五九一年			南山城新城碑	
推定六一二年			壬申誓記石	
推定六五四年		砂宅智積造堂塔碑		
六七三年			癸酉年銘全氏阿弥陀仏石像 癸酉年銘三尊千仏碑像	
六七八年			戊寅年銘蓮花寺四面石仏	
六八一年				山上碑
推定六九五年			龍朔元年銘文武王陵碑片	
七〇〇年				那須国造碑

島の石碑と対比した朝鮮半島の石碑一覧表を作ってみました。

一見して分かるように、高句麗は、五世紀はじめに好太王碑などを作ったものの、そこで止まってしまいます。百済にも碑はほとんど見られません。しかも、写真や拓本で調べた範囲では高句麗・百済には山上碑・金井沢碑タイプは見つかりませんでした。

石碑が多いのは新羅です。中国石碑からの経路が想定される多胡碑・那須国造碑タイプもありますが、明らかに山上碑・金井沢碑タイプと考えられるものがありました。現在のところ新羅最古の石碑である辛巳銘浦項中城里（ポハンチュンソンリ）碑（五〇一年、大韓民国慶尚北道（キョンサンブクド）浦項

新羅・辛巳年銘浦項中城里碑

市）に始まり、癸未年銘迎日冷水里碑（五〇三年、浦項市）、甲辰年銘蔚珍鳳坪碑（五二四年、慶尚北道蔚珍市）、丙辰年銘永川菁堤碑（五三六年、慶尚北道大邱市）、戊戌年銘の塢作（＝造堤）碑（五七八年、大邱市）と続く石碑群が、そのタイプです。

前二者は財産争いに対する新羅王の裁定を地域の人々が石に刻んだ碑です。鳳坪碑も準じた内容です。他方、菁堤碑・塢作碑は学識者や僧侶の指導の下に地域の人々が堤を造った記念碑です。撰文・建碑の主体も地域の人々でした。

碑の形やタイプだけでなく、これらの碑は、山上碑同様、新羅語に対応する漢字を選び、中国語とは異なる新羅語の構文規則に従って漢字を並べています。詳細は拙著『日本語誕生の時代』（雄山閣）をご覧いただければ幸いです。

壬申誓記石（六一二年?、慶尚北道慶州市）と呼ばれている石も加わります。碑として建てられたのかの議論がありますが、形・表現方法ともに山上碑に酷似しています。日本で発見されれば、日本の碑として日本語で読んで全く違和感がありません。

新羅語の（おそらくは百済語も）構文規則は日本語とほぼ同じです。漢字仮名交じり文という書き方が一般的な日本語と、ほぼハングルだけで書かれる韓国・朝鮮語とは、一見異なるように見えますが、構文規則はほぼ同一です。《読む・書く》だけなら、漢字ハングル交じり文で韓国・朝鮮語を書いていただけば、日本人は意味を取ることができます。逆もまた真なりです。

これらの碑石が新羅の中心地・慶尚北道に集中していることも注目されます。山上碑・金井沢碑タイプの起点が新羅にある可能性は高いと見てよいでしょう。

いつこの碑を書いたかから書き出す書式も共通していますが、この書式は埼玉稲荷山古墳出土鉄剣や多くの造像銘にも見られますので、もう少し広い背景が想定されます。

山上碑のもう一つの基盤は仏教との接触

山上碑にはもう一つの基盤がありそうです。「母為（母の為に）」の「為（ため）」という文字の使い方です。私たちの現代感覚とも合致する用法ですが、使用例に偏りがあります。

「為に」用例は造像銘に集中

「為」という文字自体は埼玉稲荷山古墳出土鉄剣に早くも現れていますが、「為」は「す・なす」、現代語で言えば「する・なる」の意味で使われています。

膨大な量なので全てを調べ上げたわけではありませんが、『古事記』『日本書紀』『続日本紀』もこの用法が中心です。「ために」の用法は圧倒的少数派です。『万葉集』も似た使い方ですが、「ゐ」の借音、「す」の借訓に使われています。「す」の借訓例は『日本書紀』にも見られますが、「ゐ」の借音例は『古事記』『日本書紀』とも見られません。

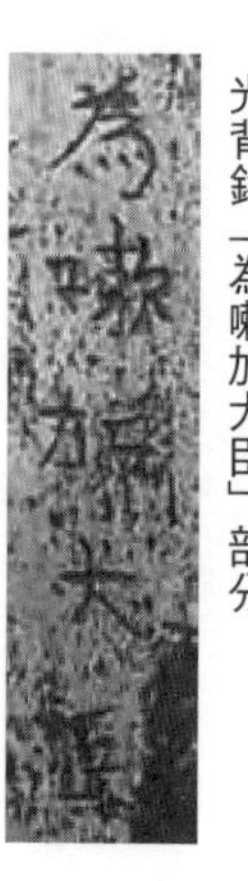
戊子年銘法隆寺金堂釈迦三尊像光背銘「為嗽加大臣」部分

山上碑に見られる「為に」という用例が集中しているのは造像銘です。「為二嗽加大臣一」（戊子年銘法隆寺金堂釈迦三尊像光背銘、六二八年・奈良県斑鳩町）に始まり、「奉レ為二現在父母一」（甲寅年銘法隆寺献納宝物釈迦像光背銘、六五四年・東京国立博物館）、「為二命過名伊之沙古一」（戊午年銘旧観心寺蔵阿弥陀如来像光背銘、六五八年・根津美術館）、「為二分韓婦夫人名阿麻古一」（丙寅年銘法隆寺献納宝物菩薩半跏像台座銘、六六六年・東京国立博物館）と続いています。ただし漢文体です。なお、それぞれの銘文に見られる「為二〇〇一」の「〇〇」をどう読むかは諸説あります。

山上碑の後も「為二父母一」（壬辰年銘出雲国鰐淵寺観音菩薩台座銘、六九二年、島根・県出雲市）、「汝背兒の為に」（壬歳次攝提格銘豊前国長谷寺観音菩薩像台座銘、七〇二年・大分県中津市）と見えています。金井沢碑にも「為二七世父母現在父母一」とあります。

「為に」用例が見えるのは造像銘だけではありません。法隆寺に納められた幡（＝はた）にも「壬辰年二月廿日　満得尼の為に誓願作奉幡」とあります。壬辰年は六九二年のことです。そして、これらの造像銘や幡の「為」用例には「す・なす」は見当たりません。

「為に」用例は仏教との接触により日本で生まれた表現か

では、山上碑形態の原型と見られる新羅碑文に「為（に）」が頻出しているかと言うと、ごく初めの好太王碑文を除いて朝鮮半島全域で「為」という文字自体がほとんど見当たらず、現在のところ「為（に）」と読める最初の例は、新羅による朝鮮半島統一直後の六七三年の癸酉年銘三尊千仏碑像銘です。

中国造像銘に前例があるかもしれませんが、朝鮮半島に先行例がないとすれば、「為に」という用例を造像銘や石碑に導入したのは、仏教との接触を通した日本列島での創意だった可能性が大きいと見られます。

表6 「為（ため）に」用例が見られる造像銘

西暦	金石文名	用例
六二八年	戊子銘法隆寺金堂釈迦三尊像光背銘	為嗽加大臣
六五四年	甲寅年銘法隆寺献納宝物釈迦像光背銘	奉為現在父母
六五八年	戊午年銘旧観心寺蔵阿弥陀仏像光背銘	為命過名伊之沙古
六六六年	丙寅年銘法隆寺献納宝物菩薩半跏像台座銘	為分韓婦夫人名阿麻古
六八一年	山上碑	母為
六九二年	壬辰年銘出雲国鰐淵寺観音菩薩像台座銘	為父母
七〇二年	壬歳次攝提格銘豊前国長谷寺観音像台座銘	汝背兒為
七二六年	金井沢碑	為七世父母現在父母

山上碑・金井沢碑タイプは、新羅石碑の一形態を熟知している人々が日本で仏教と接触することによって生みだされたと考えられそうです。山上碑制作者が放光寺僧長利であることは示唆的です。**山上碑の形態と撰文は長利その人の創意**だったのではないでしょうか。

次に、文としての日本語を表現する歩みの中での山上碑の位置を考えてみましょう。

《読む・書く・話す・聞く》全てが揃った日本語誕生の生き証人

山上碑前史：やさしい漢文

現在のところ、確実に列島社会で書かれたと見られる最古の文は**埼玉稲荷山古墳出土鉄剣の銘文**（四七一年）です。通説となっている採字と釈文（読み下し）は次の通りです。

《採字（理解しやすいように文意が分かれるところで空白を作ってあります。以下同）》

（表）辛亥年七月中記 乎獲居臣 上祖 名 意富比垝 其児 多加利足尼 其児 名 弖已加利獲居 其児 名 多加披次獲居 其児 名 多沙鬼獲居 其児 名 半弖比

（裏）其児 名 加差披余 其児 名 乎獲居臣 世々為杖刀人首 奉事来至今 獲加多支鹵大王寺 在斯鬼宮時 吾左治天下 作此百練利刀 記吾奉事根原也

《表裏を通した釈文（読み下し）》

辛亥年七月中記。乎獲居臣。上祖、名、意富比垝。其の児、多加利足尼。其の児、名、弖已加利獲居。其の児、名、多加披次獲居。其の児、名、多沙鬼獲居。其の児、名、半弖比。其の児、名、加差披余。其の児、名、乎獲居臣。世々杖刀人の首と為て奉事来り今に至る。獲加多支鹵大王の寺、斯鬼宮に在る時、吾、治天下を左く。此の百練の利刀を作り、吾が奉事の根原を記す也。

「児」や「足尼」、繰り返しの記号「々」の登場、書いた年月の「記」から始め「也」で終わるところなど、山上碑との類似性に気づかれた方も多いでしょう。

一方で、人名や地名と思われる部分は万葉仮名方式ですが、文全体は漢文の並びです。「〇〇の児、その名は〇〇」と続くところ以外は文字の並びのままには読むことができません。しかし、その割には読みやすいと言うか、内容が捉えやすい文です。ここに、この鉄剣銘文の特徴があります。

目を凝らして釈文を見ていくと、「乎獲居臣」という人物の始祖以来の系譜と、その家系が世々「杖刀人」と呼ばれる役の「首」つまり頭として大王に仕えてきた、そして「獲加多支鹵大王」の「寺」と記される館が「斯鬼宮」にある時、大王の「治天下を左け」、この刀を作り、仕えてきた「奉事の根原」を記したという内容が読み取れます。

「辛亥」「臣」「首」「大王」「宮」などは、音読みの可能性が高いものの断定できないので、ふりがなを振りませんでしたが、同じ大王と見られる倭王武の宋への上表文（四七九年）と比較すれば、現代日本人にも読みやすい「やさしい漢文」です。同時代の江田船山古墳出土鉄刀銘（熊本県和水町）も隅田八幡神社画像鏡（和歌山県橋本市）も同様の「やさしい漢文」で書かれています。

転換点となった七世紀半ば

表7のように、今のところ、六世紀代は金石文史料がほとんど見つかっていません。七世紀に入ると仏様の造像銘が書かれ出し、七世紀の半ばから金石文は急速に増えていきます。「やさしい漢文」が日本語表記に一歩大きく近づくのも七世紀半ばからです。

法隆寺金堂四天王像のうちの広目天・多聞天像光背銘と辛亥年銘法隆寺献納宝物観音菩薩像台座銘がそれに当ります。広目天・多聞天像光背銘は文が短く六五〇年と見るのも『日本書紀』記載からの推定ですが、辛亥年銘法隆寺献納宝物観音菩薩像台座銘は作成年が明記されています。西暦換算で六五一年です。次のように彫られています。

《採字》

辛亥年七月十日記 笠評君 名 左古臣 辛丑日崩去 辰時 故児在 布奈太利古臣 又 伯在 □古臣 二人乞願

いつ書いたかから始め「笠評君 名 左古臣」と続いていくところは埼玉稲荷山古墳出土鉄剣の銘文に似ていますが、文全体は頭から語順のままに読んでいくことができます。

表7　金石文と表記の流れ

西暦	文体	金石文名	所在	指定
五世紀半ば		稲荷台1号墳出土鉄剣銘	千葉県市川市	市有形
四七一年	やさしい漢文	埼玉稲荷山古墳出土鉄剣銘	埼玉県行田市	国宝
五世紀後半	やさしい漢文	江田船山古墳出土鉄刀銘	東京国立博物館	国宝
五〇三年	やさしい漢文	隅田八幡神社人物画像鏡	和歌山県橋本市	国宝
六世紀半ば		岡田山1号墳出土鉄刀銘	島根県松江市	重文
五七〇年		元岡古墳群G号古墳出土鉄製大刀銘	福岡県西区	重文
六〇七年	和文脈・後刻か	法隆寺金堂薬師如来像光背銘	奈良県斑鳩町	国宝
六〇八年		箕谷2号墳出土鉄刀	兵庫県八鹿町	重文
六二八年	漢文脈	法隆寺金堂釈迦三尊像光背銘	奈良県斑鳩町	重文
推定六五〇年	和文脈?	法隆寺金堂木造広目天・多聞天造像銘	奈良県斑鳩町	国宝
六五〇年前後	万葉仮名表記	歌木簡（難波宮跡出土）	大阪市	市有形
六五一年	和文脈	法隆寺献納宝物金銅観音像台座銘	東京国立博物館	重文
六五四年	漢文脈	法隆寺献納宝物釈迦像台座銘	東京国立博物館	重文
六五八年	漢文脈	旧観心寺蔵阿弥陀如来像光背銘	根津美術館	
六六六年	和文脈?	法隆寺献納宝物菩薩半跏像台座銘	東京国立博物館	重文
六六六年	和文脈・後刻か	河内野中寺弥勒菩薩像台座銘	大阪府羽曳野市	重文
六六八年	漢文脈	船王後墓誌	三井記念美術館	国宝
六七七年	漢文脈	小野毛人墓誌	京都国立博物館	国宝
六八〇年前後	和文脈	日本語語順で書かれた木簡や命過幡の出現。柿本人麻呂歌集略体歌・非略体歌の推定年代。		
六八一年	和文脈	山上碑	群馬県高崎市	特別史跡
推定六八六年	漢文脈	長谷寺法華説相図	奈良県桜井市	国宝
六九二年	和文脈?	出雲国鰐淵寺観音菩薩像台座銘	島根県出雲市	重文
六九四年	和文的表現を含む漢文脈	法隆寺銅板造像記	奈良県斑鳩町	重文
七〇〇年	和文脈と漢文脈の併用	那須国造碑	栃木県大田原市	国宝
七〇二年	和文脈	豊前国長谷寺観音菩薩像台座銘	大分県中津市	県有形

《釈文（読み下し）》

辛亥年七月十日記(しる)す。笠(かさの)評(こほ(お)り)君(のきみ)、名(な)は左古臣(さこのおみ)、辛丑日崩去(ほうぎょ)。辰時(しんじ)、故児(こじ)在(な)る布奈太利古臣(ふなたりこおみ)、伯(をぢ(じ))在(な)る□古臣、二人乞(こひ(い))願(ねがふ(う))（心で造った観音様である）。

山上碑を読んでこられた方には読みやすかったと思います。「崩去」「辰時」「故児」は仮に音読しましたが、笠評君は明らかに訓読みです。

「笠評」は丹波(たには)（たんば）国加佐(かさ)郡の大宝令以前の書き方です。辛亥年が七〇〇年以前であることを傍証しています。

注目したいのは「辰時」という表現です。「辰」には「時」を表す意味、特に干支一巡を示す使われ方があります。「辰時」で死去の日から干支一巡六十日を経た同じ辛丑日にこの像を造った、その日は七月十日であるということを示したかったと見られます。事実、七月十日は辛丑でした。

それほどまでに漢文世界に通じていながら、和文脈で書いたことに大きな意味があるように思われます。六五〇年前後は日本語を書き表すための様々な試みが強まった時代です。山上碑の「佐」と似た字体が見られると紹介した難波宮跡出土の歌木簡「皮留久佐乃皮斯米之刀斯（はるくさのはし(じ)めのとし）」もこの頃と推定されています。全文万葉仮名で書かれていました。歌うためでしょう。

山上碑の時代：日本語語順で書かれた様々な史料が爆発的に登場

再度、表をご覧ください。山上碑建立の六八一年前後から、日本語に対応する漢字（熟語）を選び、時に日本語に基づく熟語も生み出しながら、漢字を日本語の語順に並べ直して**《読み・書き》できる日本語を創り出す営み**が様々な場面で爆発的に起こっていきます。

典型例の一つが滋賀県野洲（やす）市西河原（にしがわら）で発掘された西河原森（もり）ノ内（うち）第2号木簡です。

次のように採字され、表裏一続きでほぼ文字の並びのままに読むことができます。

《採字》

椋直傳之　我持往稲者　馬不得故　我者反来之　故　是　汝　卜部　自舟人率而可行也　其稲在処者　衣知評　平留五十戸　旦波博士家

《釈文（読み下し）》

椋直（くらのあたひ(い)）傳之（つたふ(う)）。我持往稲者（われもちゆくいねは）、馬を不得故（えずゆゑ(え)）、我者反来之（われはかへ(え)りきたり）。故（かれ）、是（これ）、汝（なむぢ）、卜部（うらべ）、自（みずか）ら舟人（ふなびと）を率而（ひきゐ(い)て）

可行也（ゆくべきなり）。其稲在処者（そのあるところは）、衣知　評　平留五十戸（えちのこほ(お)りへるのさと）の旦波博士（たには(たんば)ふみひと(ふひと)）の家（やけ(いへ＝いえ)）。

木簡自体には年次記載がありませんでしたが、「さと」を「五十戸」と記していることから、飛鳥池遺跡・藤原宮遺跡・石神遺跡（いずれも奈良県高市郡明日香村）、伊場遺跡（静岡県浜松市）の「五十戸」使用木簡と比較して六八〇年前後に絞り込まれています。山上碑とほぼ同年代です。

「不得」「可行」のような定型的な漢文表現も活用しながら、頭から日本語語順のままに読むことができます。椋直という人物が卜部という人物に「渡す稲を持って行ったが馬を得られなかったから、衣知評平留五十戸の旦波博士の家に置いて帰った。君は自分で舟と人を用意して、その稲を運んでほしい。」と伝言した木簡です。

衣知評平留五十戸は後の近江国愛智郡平流郷のことですから滋賀県彦根市周辺です。琵琶湖東南岸に沿っているとはいえ、木簡の出土地点（野洲市）からはかなり東です。

現在の手紙やメールのような木簡の使われ方です。漢字・漢文を援用して日本語語順のままの文を作り伝え合うことが成り立っていたことを示しています。書く側・送る側だけでなく、読む側・受ける側も、そうした漢字の使い方や並べ方を理解していなければ、木簡のこうした使われ方はできないからです。広範な層での共通理解が不可欠です。

「為に」用例として示した**法隆寺幡**も、その流れの中にありました。

「壬辰年二月廿日　満得尼為誓願作奉幡」と書かれた全文は、頭から日本語の語順で「壬辰年二月廿日、満

得尼の為に誓願作 奉幡」と読み下すことができます。

壬辰年は六九二年ですが、先行する壬午年（六八二）銘の幡には「壬午年二月 飽波書刀自入奉者田也」とありました。日本語の語順で文をなしているだけでなく、「飽波」「書刀自」「入奉」「者田」「也」と多様な表現形態を自由自在に使っています。

漢字を漢文から切り離して、これほどまでに自由自在に使いこなしているとすれば、山上碑（六八一年）の「辛巳」同様、この二つの幡の干支、六八二年の「壬午」、六九二年の「壬辰」も訓で読まれていたと考えてよいでしょう（六五一年の「辛亥」も「笠評君」などの用例から訓読みの可能性が高いと思いますが、皆さんはどう思われますか）。

「幡」を「者田」と記した背景には、外来文化・外国語受容の上で興味深い事実があります。幡（まん）は、仏様や寺院を荘厳する、布などで作られるpatākā（梵語）の漢意訳でした。「法師」「僧」と同様に、日本に入って来た時、漢意訳の「幡」と梵語音のままの「はた」の二通りの読まれ方が併用されました。「者田」表記はその一例です。それで「八幡」と書いて「はちまん」と音読みする形と「やは（わ）た」と訓読みする形とが併存することになり、八幡八幡宮（高崎市八幡町）などの表現が生まれました。「はた」という音は日本語的に聞こえたのでしょうか。見た目の似た「旗」も「はた」と訓読みするようになったと思われます。

山上碑は《読み・書き》できる日本語誕生の記念碑

造像名は例が多いので省略しますが、漢文がよく分からないから日本語語順のままに漢字を並べたわけではありません。漢字・漢文を充分に理解した上での主体的な表現です。

しかも、それは、列島各地で同時並行的に行われ、碑、幡、木簡、造像銘、紙と様々な素材に記されました。漢字という文字を、漢文から切り離して、日本語を表現する文字の体系に組み直して理解し合う人々が日本各地で陸続と生まれていったということです。

《話す・聞く》だけでなく《読み・書き》できる日本語誕生の瞬間です。

《読み・書き》できる日本語を共通理解する人々の誕生の瞬間です。

生物学的ではなく、文化的な意味での日本人誕生の瞬間と言ったら言い過ぎでしょうか。まもなく「日本」という国家が生まれてくることは示唆的です。

私たちは、山上碑を読むことを通して《読む・書く・話す・聞く》が全て揃った日本語誕生の現場に立ち会うことができました。**山上碑は日本語誕生の記念碑です。**

様々な表現材料の中で、碑は、不特定多数の人々に読み継がれることを第一の目的としています。そうした存在であることを意識すれば、山上碑を読み続けることの大切さがいっそう高まります。

次に、山上碑から読み取れる地域の様子を少し考えてみましょう。

山上碑が示す地域と人の成熟

佐野三家を考える

まずは「佐野三家」をどう考えるかです。

三家（三宅）は『日本書紀』などでは屯倉と書かれますが、屯倉の実態を表しているのは六世紀前半の欽明天皇・敏達天皇の巻の白猪屯倉（しらゐ(い)のみやけ）です。

当時の最高権力者、蘇我稲目・馬子親子が現地で陣頭指揮を執ったほど重視された屯倉です。後の美作国（津山市・美作市を中心とする岡山県北部）とほぼ重なる地域です。

広大な地域に渡来系の人々などが大量に移され鉄生産に当った様子が考古学の研究からも明らかになっています。吉備国から分けられた後も要地と位置づけられ、政府高官が国司として派遣され続けるほどでした。最先端技術である鉄の生産拠点と見られます。

この記述はとても重要です。佐野三家は『日本書紀』推古天皇十五年（六〇七）条に「国毎に屯倉を置く」と記される屯倉の一つである可能性が高いと見られていますが、『日本書紀』のこの記述から考えて、屯倉は、単に直轄地と言うよりは、特定な役割を負った開発拠点地域、特区のような存在だったと見た方がよいからです。佐野三家がどのような開発拠点地域だったのかは、三碑全てを読むなかで考えを深めていきましょう。

歌枕の地・佐野：能楽「船橋」「鉢木」への道

佐野は『万葉集』編纂段階ですでに上野の名所でした。先にも紹介したように、『万葉集』巻十四（東歌）上野国歌二十五首の中に「佐野」を詠んだ歌が三首あります。

可美都気野 左野乃九久多知 乎里波夜志 安礼波麻多牟恵 許登之許受登母 （三四〇六番）
（上毛野 佐野の茎立 折りはやし 吾は待たむゑ 今年来ずとも）

可美都気努 佐野乃布奈波之 登里波奈之 於也波左久礼騰 和波左可流賀倍 （三四二〇番）
（上毛野 佐野の舟橋 取り離し 親は離くれど 吾は離かるがへ）

左努夜麻尓 宇都也乎能登乃 等抱可騰母 祢毛等可児呂賀 於母尓美要都留（三四七三番）
（佐野山に 打つや斧音の 遠かども 寝もとか児ろが 面に見ゑつる）

とくに「佐野の舟橋」は都人に注目され、「上毛野佐野」から「東路の佐野」として定着していきます。例えば清少納言は『枕草子』に「橋は、あさむつの橋、長柄の橋、あまびこの橋、浜名の橋、一つの橋、うたたねの橋、佐野の舟橋」と記し、後鳥羽天皇は「東路の 佐野の舟橋 明日よりは 暮れぬる春を 恋ひわたるべき」と詠んでいます。本阿弥光悦が舟橋をデザインし「東路乃 さ乃丶（舟橋）かけて濃三 思 わたるを 知人そなき」と文字をちりばめた蒔絵硯箱は国宝となっています。

こうした広がりの中で世阿弥による能楽「船橋」が成立します。

東歌の「上毛野 佐野の舟橋 取り離し 親は離くれど 吾は離るがへ」という強い主張が「東路の 佐野の船橋 とりはなし 親し離くれば 妹にあはぬかも」という悲嘆の歌に変えられ、悲劇と妄執、巡行する修行者による救済という形に結実し、ドラマ性を高めていきますが、すべての基盤は佐野の舟橋という特異な存在にありました。

巡行する修行者に絡んで、佐野はもう一つの能楽「鉢木」の舞台ともなりました。

鎌倉幕府五代執権・北条時頼（一二二七～一二六三）廻国伝承として有名な佐野源左衛門常世の話です。

しかし、『増鏡』（一四世紀後半の成立）などに収録された当初の時頼廻国伝承の中に常世の話はありません。「佐野のわたり」を詠んだ藤原定家（一一六二～一二四一）らの本歌取りが舟橋と結び合わされた土壌の上に生まれた新しい伝承と見られます。少し説明しましょう。

『万葉集』の中に「苦しくも 降り来る雨か 三輪の崎 狭野の渡りに 家もあらなくに」という歌があります。

この狭野は和歌山県新宮(しんぐう)市三輪崎(みわさき)の佐野(さの)ですが、順徳天皇主催の建保(けんぽう)三年（一二一五）「内裏名所百首」で中(なか)山忠定(やまただざだ)が「もらさばや 波のよそにも 三輪が崎 佐野の舟橋 かけじと思へど」と歌って、佐野の舟橋につなげる良き誤認をします。藤原定家の有名な歌「駒とめて 袖うち払ふ かげもなし 佐野の渡りの 雪の夕暮れ」も同様の誤認ないし混同の上に成り立ったと見られます。

かくして「佐野の渡り」「佐野の舟橋」は白一色に閉ざされます。こうして出来た舞台の上を修行者が巡行する姿に武士道が重ねられて「鉢木」は生まれたのではないでしょうか。素人の憶測にすぎませんが、佐野は物語を生み継ぐ力を持っていました。

山上碑が示唆する地域の成熟

一方で、父方の系譜に見られる新川・大児は桐生市新里町新川(にいさとちょうにっかわ)と旧・大胡町(おおごまち)堀越（現・前橋市堀越町(ほりこしまち)）を遺称候補地としていますが、新川の地には山上古墳によく似た古墳が存在し中塚(なかつか)古墳と呼ばれています（国史跡）。近くには武井(たけい)廃寺塔跡（群馬県史跡）と称される遺跡があります。通常の塔心礎とは様相を異にすることから、火葬墓をはじめとする仏教関連遺構と見られています。

大胡町堀越には山上古墳・中塚古墳と類似の堀越古墳（群馬県史跡）が存在します。「大兒万財□」と墨書された土器が見つかっている山神(さんじん)Ⅱ遺跡（現・前橋市茂木町(もときまち)）と堀越古墳とは、直線距離で一キロ半ほどの近さです。

現存地名との符合をもって父方の勢力圏とみなすことには慎重でなければなりませんが、時代を同じくする類似古墳の存在は興味深い事実です。山上古墳・中塚古墳・堀越古墳のタイプは、考古学者が截石切組積(きりいしきりぐみづみ)

と呼ぶ横穴式石室を持つ小円墳です。七世紀半ばを中心に築かれたと考えられています。古墳時代の終末を飾るにふさわしい精緻な造りです。群馬県内での例がそれほど多くないことも関係の深さを推測させます。

山上碑に、佐野三家の管理者とされた健守命に端を発する母方の家系と、新川臣に始まる父方の家系との両者が描かれ、その名を遺す地域に、類似した古墳と仏教関連遺構とが見られることは、想像力を膨らませてくれます。高い技術力と仏教などの新思潮への強い関心を持っていたことがうかがわれるからです。勢力圏そのものでないとしても、これら地域のありようは、父方・母方両者の属する社会階層を示唆しています。

注目すべきは、彼らは、地域における最高位の氏族群ではなかったことです。上毛野を中心とする東国は、上毛野君・下毛野君を核とする東国六腹朝臣と称される中級貴族たちの一つの基盤だったからです。関心のある方は、僭越ながら拙著『古代東国の王者　上毛野氏の研究』（雄山閣）をご覧ください。

古代社会は厳しい身分社会です。長利僧の母方・父方ともに、貴族の下に位置づく、上位の中間層と見られます。その彼らが、僧を育み、碑を創り出すほどの高い技術力と経済力、文化力を持っていたことは大いに注目されます。社会成熟の指標は中間層の成熟にあると言われますが、長利僧の系譜を考えれば、山上碑は古代社会、特に古代における地域社会の成熟を刻んだ碑と言えましょう。

法隆寺鏡写しの寺院と僧の存在を立証

山上碑はまた、六八一年という時点で上毛野国には放光寺という寺があり僧がいたことも示していました。放光寺は飛鳥・奈良時代の上毛野国の中枢部に建てられ、一辺八〇メートルほどのほぼ正方形の回廊の中に、南から見て右に五重塔、左に金堂を配していました。法隆寺の鏡写しと言える寺です。法隆寺五重塔最下層四面の塑像群によく似た塑像がいくつも発見されています。

長利は母方、父方いずれから見ても上毛野国の生まれ育ちです。飛鳥の都周辺で修行したかもしれませんが、故郷の寺で僧としてあり続けたと見られます。

七世紀後半の日本は、各地に寺を建て、僧を育てるほどに成熟していたということです。このことを確認できる碑としても山上碑は「世界の記憶」にふさわしい碑です。

「世界の記憶」山上碑：四つの要点

山上碑は少なくとも四つの点で「世界の記憶」にふさわしい記録物であることを実感いただけたと思います。整理しておきましょう。

第一に、山上碑は**完全な形で現存する日本最古の石碑**です。**日本列島における石碑誕生の瞬間を記録**しています。

第二に、山上碑は**さまざまな外来文化の受容**、**定着を記録**しています。漢字も石碑も仏教も外来の文化でした。それぞれがそれぞれの系譜を持っていました。碑の形や文言に見られたように、山上碑は、列島に暮らす人々が、さまざまな外来文化を受容し接触、融合させて自らのものにした成果を記録しています。

第三に、山上碑は**最古の日本語碑**です。**《読む・書く・話す・聞く》が全て揃った日本語誕生の時を記録**しています。日本列島に暮らす人々は独自の文字、《読む・書く》体系を持っていませんでした。構文規則の全く異なる漢字・漢文を前にして、漢字を、日本語（やまとことば）を表す文字に変え、日本語語順に漢字を並べ直すという大事業を成し遂げました。

碑には公開の場で不特定多数の人々に読み継がれるという特色があります。そのことを考えれば、造像銘や幡、木簡などの同時代史料を代表して、山上碑は《読む・書く・話す・聞く》が全て揃った日本語誕生の時を記録した生き証人と言っても過言ではないでしょう。

第四に、山上碑は七世紀後半の日本社会、特に**地方の成熟を記録**しています。**「日本」という国家誕生直前の列島社会の成熟を知らせる超一級の史料**です。

読み継ぐべき核心は母への感謝

しかし、山上碑には、それらを超えて現代に生きる二つの価値があります。

第一の価値は**母への感謝を込めた供養碑**であることです。

放光寺の僧になるということは上毛野国きっての知識階層の一員になることでした。その営みを母・黒売刀自は物心両面で支え続けたことでしょう。その恩に感謝し長利僧は碑を刻んだのです。母はすでにこの世の人ではないでしょう。とすれば、山上碑は供養碑となりますが、長利の心に沿えば母への感謝の碑という言い方がふさわしいでしょう。

母だけでなく、自分を支え育ててくれた人々や地域への感謝の心を読み継ぐことは現代を生きる私たちの指針でもあります。

東アジア世界にはあまたの碑がありますが、皇帝や王の命令であるか功成った貴族や将軍の顕彰碑が大半です。造像銘の多くも仏道修行の一環です。自分を育ててくれた人々や地域への謝恩の碑は決して多くはありません。日本文化の基層中の基層として、大切に持ち続けたいものです。

先人たちが大切に愛し続けてきた碑

第二の価値は**地域の先人たちが大切に守り続けてきた**ことです。地上にありながらも摩滅が少なく済んだのは、その成果です。地域の方々が組織している山上碑・金井沢碑を愛する会、上野三碑ボランティア会、上野三碑をつなぐ会の活動などは、それを継承するものです。

登録申請書が上野三碑を"Three Cherished Stelae（大切に愛され続けた三碑）"と書いていることの重みを噛み締めたいものです。

それだけの価値があるのに国語や社会の教科書に載っていないことは残念です。

愛され続けてきた碑であることを実感していただくためにも、安易な現代語訳や中途半端な解説文に頼らず、ありのままの碑面・字体に向き合い、読むことに挑戦し、字体の変化や読みを考え合い、読み継いでいただきたいものです。

多胡碑を読みましょう

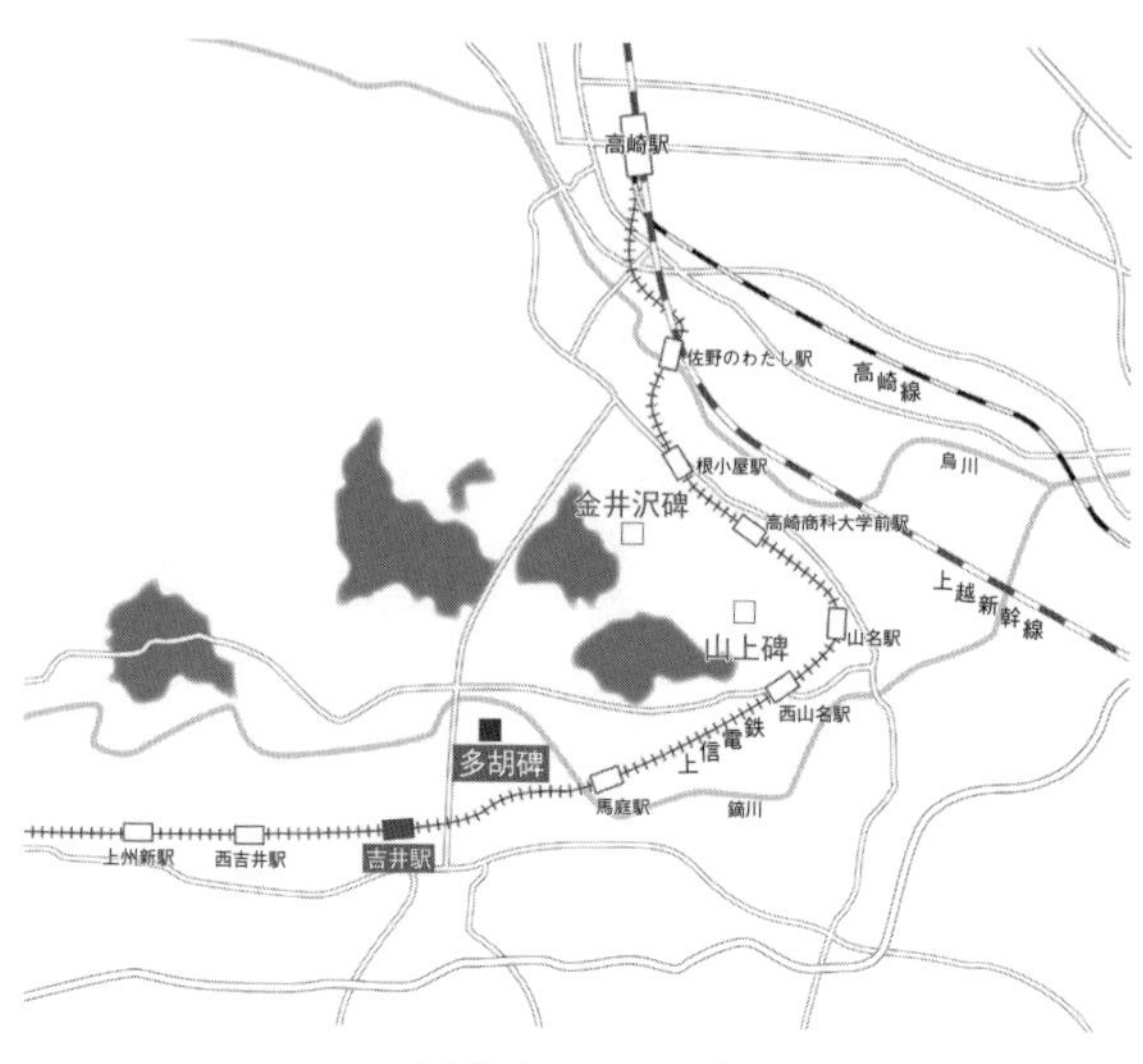

《多胡碑までの道程》

◎上信電鉄吉井駅からの上野三碑めぐりバスが便利です

高崎駅発の上信電鉄に乗ってください。

吉井駅で上野三碑めぐりバスをお使いになるのが便利です。バスは無料です。九時から四五分ごとに出ています。一〇分で多胡碑に着きます。多胡碑と多胡碑記念館を見学すること一時間弱。バスは戻ってきます。最終は一五時二五分多胡碑発です。

多胡碑は平地に建てられているため、バス停の前がもう多胡碑覆い屋と多胡碑記念館です。ガラス越しに多胡碑をご覧ください。文字がしっかりと見えます。

◎多胡碑記念館とセットで見学しましょう

もっとよく見たいと思われたら多胡碑記念館に足を運んでください。三碑の精巧なレプリカが設置されています。那須国造碑、仏足石歌碑、多賀城碑のレプリカも置かれています。間近で見られます。多胡碑周辺で進められている発掘情報も満載です。月曜日が休館ですが、セットで見学しましょう。

多胡碑記念館は「世界の記憶」登録以前、多野(たの)郡吉井町が高崎市と合併する以前に造った施設です。ユネスコが強調するアクセス確保のお手本の一つです。多胡碑御朱印もいただけるはずです。三碑拓本を印刷したものも求められます。多胡碑拓本二分の一スケールが家庭用にはお勧めです。

多胡碑へ

多胡碑はガラス越しに見ましょう

ガラス越しでなく見たいと思われるでしょうが、我慢してください。理由があります。

多胡碑の石材は、地元で多胡石、天引（あまびき）石と呼ばれる砂岩です。水分や二酸化炭素を吸収しやすい材質です。人の息には水分も二酸化炭素も含まれています。人の息を吸収すると光合成に適した場が出来てしまいます。現に登録直後、公開が続いたため表面には苔が生え始めました。緊急除去作業が行われ公開は特別公開に限定されることになりました。

あなたの我慢が多胡碑を守ります。「世界の記憶」を守ります。

多胡碑の文字を確定しましょう

碑の写真と拓本を眺めてください。升目こそ見えませんが、碑面は整えられ、一つ一つの文字も大きく彫られています。山上碑に比べれば採字しやすいと感じられたでしょう。

一行ずつ文字を確定していきましょう。

多胡碑記念館

多胡碑覆い屋

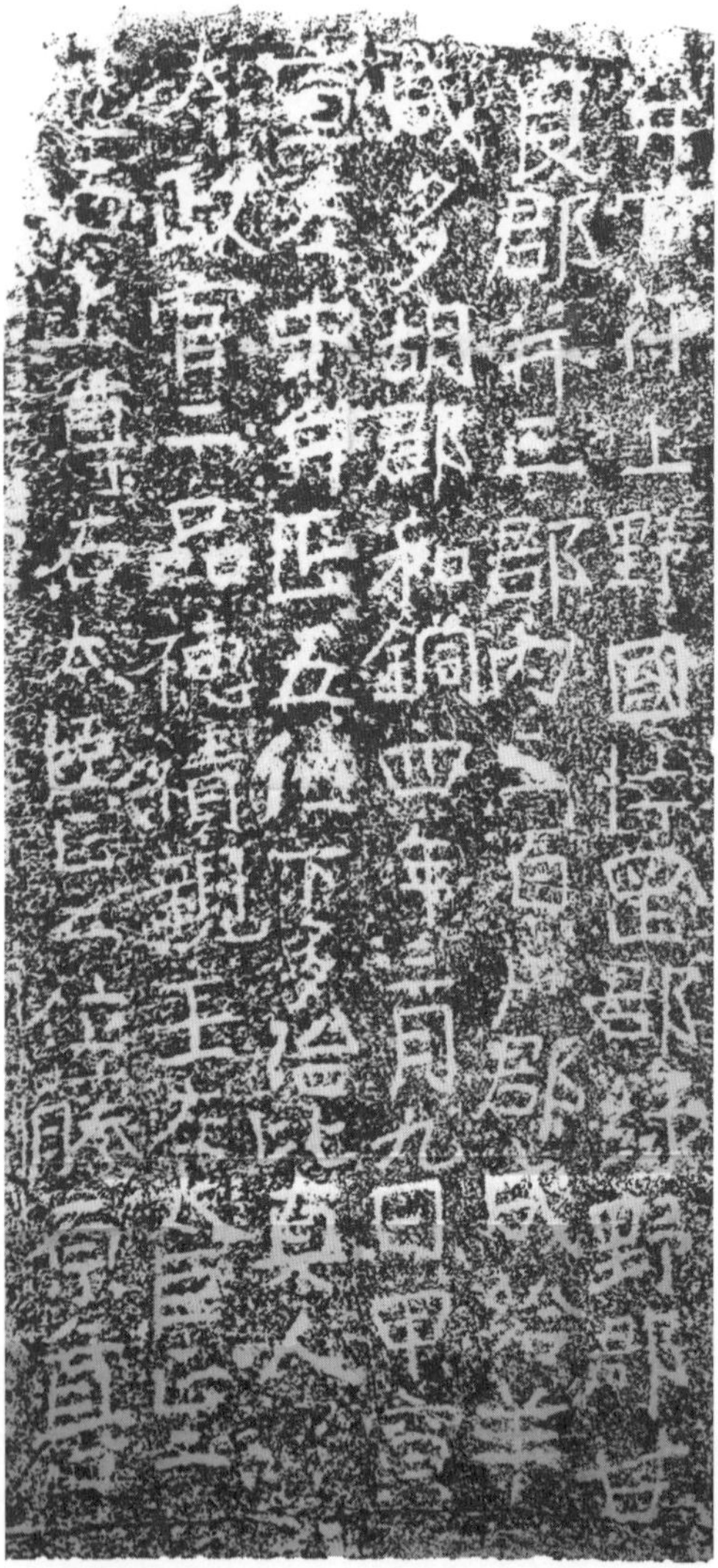

建立　和銅四年（七一一年）
所在　群馬県高崎市吉井町池
指定　国特別史跡（一九五四年）
形状　一四〇センチ以上　天引石（牛伏砂岩）製
碑文　六行　八〇文字

一行目

第一字は「弁」と採字されたことでしょう。

第二字は読みにくかったと思います。宀(うかんむり)は分かりますが、その下が完全につぶれています。写真からは長方形に剝がれ落ちたとみられますから「官」を候補としておきましょう。

第三字は「符」に似ていますが、竹冠(たけかんむり)ではなく草冠(くさかんむり)です。「苻」です。『辭海』『全訳　漢辞海』ともに「符」とは違う文字で草花の名前としています。一方で国立文化財機構・東京文化財研究所「東文研総合検索(https://www.tobunken.go.jp/archives/)」は「符」の異体字と紹介しています。『金石文字典』も「符」の項に多胡碑の「苻」を挙げています。ただし、それ以外の例は見られません。

傍証と言える文字がありました。「等」です。『金石文字典』が紹介している「等」はほぼ全て「䒭」です。古代の日本人は竹冠と草冠を通用させていた可能性が高まります。

それならば「符」と「苻」の通用はどうか。『日本書紀』に当たり直してみました。日本古典文学大系本では「符」に統一されていましたが、同じ箇所が、国史大系本では「苻」であったり「符」であったりという状態でした。定本や校合(きょうごう)の違いです。古代日本の基本法を律令と言いますが、令(りょう)の公式注釈書『令義解(りょうのぎげ)』(天長十年(八三三))も「符」と「苻」を通用させています。

古代日本にあっては「符」と「苻」は通用していた、「苻」は「符」の異体字とみなしていたと考えてよいでしょう。

なお、『古事記』は序文に「乾符（あまつみしるし）」の文言が見えますが、本文には「符（苻）」という文字は一字もありません。『万葉集』には「符（苻）」という文字自体がありません。

「符（苻）」はかなり限定した使われ方がされていた文字と見てよいでしょう。

第四字から第七字は「**上野國片**」と採字されたと思います。「**國**」**は**「**国**」**の旧字体**です。

問題は第八字です。「罡」と拾われたと思いますが、「罡」という文字、初めて目にされたという方もあると思います。「**岡**」の**異体字**です。

高句麗好太王碑（四一四年）、乙卯年銘青銅製壺杅（こう）（合子、四一五年、韓国国立中央博物館蔵）から法隆寺金堂観音菩薩像銅板造像記（六九四年）へと継承されています。美努岡萬墓誌（七三〇年）もこの字体です。乙卯年銘青銅製壺杅は高句麗王から新羅王に下賜されたものです。法隆寺金堂観音菩薩像銅板造像記は百済系渡来氏族大原博士の手になるものでした。字体「罡」は高句麗➡新羅・百済➡日本列島へと伝えられたと考えてよいでしょう。

第九字から第十二字は「**郡緑野郡甘**」と採字されたと思います。

「**緑**」の字体が注目されます。**糸偏（いとへん）**の下の「小」ないし「点三つ」を「一本棒」で書いています。『金石文字典』が挙げている糸偏の文字はほとんどが「点三つ」です。「一本棒」は新羅の永川菁堤碑（五三六年）、埼玉稲荷山古墳出土鉄剣銘文（四七一年）、江田船山古墳出土鉄刀銘文（五世紀後半）に見えるくらいです。比較的古い字体と言えましょう。

第一行全体では「**弁官苻（符）上野國片罡（岡）郡緑野郡甘**」となります。

二行目

第七字は、字画の方向で見にくかったかもしれませんが、「三」です。それが分かると、二行目は一行目以上に確認しやすいでしょう。「給」の糸偏は第一行第十字の「緑」の糸偏と同じ形です。

二行目全体で「**良郡并三郡内三百戸郡成給羊**」と採字されたと思います。

三行目

三行目は最後尾第十四字が確定しにくいかもしれませんが、後はたやすく採字されたと思います。**第十四字**は「𡨄」という文字です。「**寅**」**の異体字**です。古代の日本では、「𡨄」と「寅」は共に使われ、金井沢碑・多賀城碑も「𡨄」字体を採用しています。第十三字が「甲」ですから、干支から「寅」と推測された方もあったと思います。

三行目全体では「**成多胡郡和銅四年三月九日甲𡨄**（寅）」となります。

四行目

第一字から第九字までは「**宣左中弁正五位下多**」と採字されたと思います。一字置いた**第十一字から第十三字までも**「**比真人**」と採字されたと思います。

第十字は「はねのない縦棒」に「合」あるいは「台」と見られます。似た形の文字を探せば「**治**」が当てはまりそうです。『金石文字典』も「治」に挙げています。

「**治**」と採字すると、**第四行**は「**宣左中弁正五位下多治比真人**」となります。「多治比真人」は古代最優勢貴族の一員です。

「はねのない縦棒」は、多胡碑に特徴的な氵字体ということになります。同時代の氵字体はほとんどが氵であるか、氵の第二画と第三画が続いた形で、はねが確認できます。『蘭亭序』まで遡っても同様です。

このように、他に例が少ないことを考えると、複数の字画を一本棒でつなぐ、多胡碑に特徴的な糸偏・氵は、砂岩という軟らかい石に彫るための工夫かもしれません。

五行目

第一字から第五字までは「**太政官二品**」と採字されたと思います。

次の二文字、「穂積」と読まれたかもしれません。第八字・第九字の「親王」と合わせると「**穂積親王**」となります。天武天皇の第五皇子に同名の人物がいます。

しかし、よく見てください。禾偏ではありません。**ネ**（示）**偏**です。「**穂積**」です。**こんな文字、本来はありません**。なぜ、こんな文字を使ったのか。作り出したのか。多胡碑の一つの大きな謎です。かつ、多胡碑解読の重要な糸口です。後段でじっくりと考えましょう。

続く**第十字から第十二字までは**「**左太臣**」と読まれたと思います。

第十三字は「正」と採字されたと思います。「正」の草書体です。四行目の「正」は楷書体なのに、どうして、ここは草書体なのでしょうか。 穂積と合わせて考えてみましょう。

六行目

六行目全体で「位石上尊右太臣正二位藤原尊」と採字されたと思います。

碑文全体を常用漢字体で整理してみましょう

一文字一文字確定してきた文字を「穂積」以外は常用漢字体で整理してみましょう。次のとおりです。「正」は理由があると見られますので草書体のままにしてあります。

位	太	宣	成	良	弁
石	政	左	多	郡	官
上	官	中	胡	并	符
尊	二	弁	郡	三	上
右	品	正	和	郡	野
太	穂	五	銅	内	国
臣	積	位	四	三	片
正	親	下	年	百	岡
二	王	多	三	戸	郡
位	左	治	月	郡	緑
藤	太	比	九	成	野
原	臣	真	日	給	郡
尊	正	人	甲	羊	甘
	二		寅		

多胡碑を書いてみましょう

文字が確定できましたから、多胡碑を自分の手で書いてみましょう。

碑文字体どおりのお手本とトレース用のページを用意しました。挑戦してみてください。

升目を使って常用漢字体でとお考えの方には升目も用意しました。

どちらでも良いので書いてみてください。書く・読むという実感がわいてきます。

多胡碑

左頁のお手本を見て、右頁でトレースしてみましょう。

弁官符上野國片罡郡緑野郡甘
良郡并三郡内三百戸郡成給羊
成多胡郡和銅四年三月九日甲寅
宣左中弁正五位下多治比真人
太政官二品穂積親王左太臣正二
位石上尊右太臣正二位藤原尊

弁官符上野國片罡郡緑野郡甘
良郡并三郡内三百戸郡成給羊
成多胡郡和銅四年三月九日甲寅
宣左中弁正五位下多治比真人
太政官二品穂積親王左太臣正二
位石上尊右太臣正二位藤原尊

書：伊東俊祐

多胡碑を文章として読みましょう

規則正しい構成から読み取れる大意

確定した碑文を眺めてみましょう。「穂積」「〓」以外は常用漢字体にしてあります。
升目（罫線）こそ引かなかったものの、一行十三文字ないし十四文字の規則正しい構成になっています。
多胡碑が美しく感じられる一つの理由と思います。

弁官符上野国片岡郡緑野郡甘　（一三字）
良郡并三郡内三百戸郡成給羊　（一三字）
成多胡郡和銅四年三月九日甲寅　（一四字）
宣左中弁正五位下多治比真人　（一三字）
太政官二品穂積親王左太臣〓二　（一四字）
位石上尊右太臣〓二位藤原尊　（一三字）

一行目と二行目、五行目と六行目は明らかにつながっています。

弁官符上野国片岡郡緑野郡甘良郡并三郡内三百戸郡成給羊　（二六字）
成多胡郡和銅四年三月九日甲寅　（一四字）
宣左中弁正五位下多治比真人　（一三字）

太政官二品穂積親王左太臣正二位石上尊右太臣正二位藤原尊　（一一七字）

一・二行目からは「弁官符と給羊は何だか分からないが、上野国の片岡郡など三郡の内から三百戸が新しい郡を成りたたせた」という内容、三行目からは「新しく成立した郡の名は多胡郡で、成立は和銅四年三月九日である」ということが読み取れたと思います。四行目以降は人名ばかりが並んでいますが、位や役職、親王や尊という文字があることから、登場人物は政府高官らしいと感じられたと思います。

参照にはなるが…似て非なる『続日本紀』の記載

『続日本紀（しょくにほんぎ）』記載との符合と相違

和銅四年は七一一年です。藤原京から奈良に遷都した和銅三年（七一〇）の翌年です。政府高官も関係した新しい郡の成立であれば、当時の政府実録『続日本紀』に記載がありそうです。

ありました。『続日本紀』和銅四年三月辛亥条に「割テ二上野國甘良（かんら）郡ノ織裳（おりも）・韓級（からしな）・矢田（やた）・大家（おほやけ）、緑野（みどの）郡ノ武美（むみ）、片岡（かたをか）郡ノ山（やま）等六郷ヲ一、別ニ置ク二多胡郡ヲ一」と記されています。

内容もほぼ合っています。この符合が評価されています。

しかし、比べてみると、表8のように、①新しく郡となった地域の表現（「三百戸」と「六郷」）、②新しい郡設置の表現（「成」と「割…別置」）、③日付（「甲寅」と「辛亥」）、④「給羊」の文言（有・無）の少なくとも四つの点で違っています。これだけ違うと、記載情報の元が同じだとしても、多胡碑と『続日本紀』は全く異なる立場で書かれているか、伝える対象が異なっていると考えざるをえません。『続日本紀』に引っ張られずに、多胡碑独自の世界を多胡碑自身の立場で読むことが大切になります。

表8　多胡碑と『続日本紀』との表記の違い

	多胡碑	『続日本紀』
新しい郡となった地域の表現	上野国片岡郡緑野郡甘良郡并三郡内三百戸	上野国甘良郡織裳・韓級・矢田・大家、緑野郡武美、片岡郡山等**六郷**
新しい郡設置の表現	郡**成** **成**多胡郡	**割**二上野国…六郷一、別**置**二多胡郡一
日付	和銅四年三月九日**甲寅**	和銅四年三月**辛亥**（六日）
「給羊」の文言	記載**あり**	記載**なし**

『続日本紀』の情報源は太政官符（官符）

その準備として、『続日本紀』記載の由来を確認することから始めましょう。

『続日本紀』は奈良時代の実録ですから、多胡郡新設の記載は郡の新設を命じた行政文書がもとになっていると考えられます。

当時の行政命令書、上級の役所から下級の役所に出される文書を「符」と言いました。特に重要な符は、全ての役所の上位に位置する太政官から出される符です。太政官符あるいは官符と言います。

国郡廃置（国・郡の設置・廃止）は大祭祀や国費の支弁、官員の増減、流罪以上の処罰、官籍からの除名、兵馬百匹以上の徴発と並ぶ「国家の大事」とされていましたから、多胡郡の設置は太政官符（官符）による命令で実施されたと考えられます。

国・郡設置の基本手続きは次のように進められました。

「解(げ)」と呼ばれる文書による国司の上申→太政官での公卿(くぎょう)審議→天皇への奏上・勅裁→左弁官から国司への太政官符（官符）の発給（弁官は現在の内閣官房にあたる組織、太政官事務局です。左右に分かれ、国郡廃置に係る行政事務は左弁官の役目でした）

多胡郡新設に際して出された太政官符の復元

和銅四年当時の太政官符の書式そのものは残っていませんが、それを引き継ぐ書式（養老令(ようろうりょう)符式）と発給に至る過程・手続きは残されています。符式は次のとおりです。

太政官符ス二　其ノ国ノ司ニ一
（其事云々）符到ラバ奉行セヨ
大弁位姓名　　史位姓名
年月日　　使人位姓名
鈴剋

第一行を「書出(かきだし)」、第二行を「事実書(じじつがき)と書止(かきどめ)」と言います。「其事云々(そのことうんぬん)」が事実書です。『続日本紀』は政府記録に基づく実録ですから、『続日本紀』和銅四年三月辛亥条が「其事」と見られます。

続いて太政官符を発給するに当っての事務方責任者の官位・姓名（発給者位署と言います）、発給年月日、符伝送に用いる馬の数などを駅鈴の刻み数で示した鈴剋(れいこく)が記されます。

左右弁官の官位は高く、大弁は従四位上相当、中弁は正五位上相当です。大国の国守の相当官位である従五位上を上回っていました。そう考えると、多胡碑に「弁官苻（符）」「左中弁」と書かれていることが注目されます。

多胡郡の新設に向けて出された符は次のようなものだったと推定されます。（和銅四年当時の地方制度に合わせ「郷」を「里」に戻しました）

太政官符ス二　**上野國**ノ**司**ニ一

割テ二**上野國甘良郡**ノ**織裳、韓級、矢田、大家、緑野郡**ノ**武美、片岡郡**ノ**山等六里**ヲ一、

別ニ**置**ク二**多胡郡**ヲ一

符到ラバ**奉行**セヨ

左中弁正五位下多治比真人〇〇　**史位姓名**（不明）

和銅四年三月六日辛亥（または甲寅）　**使人位姓名**（不明）

鈴剋（刻み数不明）

発給者位署を「左中弁正五位下多治比真人〇〇」としたのは、多胡碑碑文に「左中弁正五位下多治比真人」と書かれていたことに引かれてのものですが、符の書き方の注釈書（『令集解』巻卅一公式令符式）に発給者位署は「大弁」でなく「中弁」でも良いと書かれています。

実際、和銅二年から六年まで左大弁の巨勢朝臣麻呂は陸奥鎮東将軍として陸奥現地にいたことが分かっていますので、和銅四年の多胡郡設置の符は左中弁正五位下多治比真人〇〇の署名で出されたと見られます。

そのことが、「左中弁」の名が多胡碑に見える一因でしょうが、「左大弁」でなく「左中弁」と彫られてい

ることは多胡碑が本物であることの一つの証ともなっています。

違いが大きい多胡碑碑文と多胡郡新設の官符

多胡郡新設の官符をこのように復元してみると、多胡碑との書き方の違いは非常に大きいことが分かります。表9にまとめたように、要約とか省略、言葉の置き換えで済む話ではなさそうです。

違いの原因が推測できるところから見ていきましょう。

表9　多胡碑と推定太政官符との表記の違い

	多胡碑	政官符（官符）
書出	弁官符（上野国）	太政官符上野国司
事実書	上野国片岡郡緑野郡甘良郡并三郡内**三百戸郡成…成**多胡郡	割二上野国甘良郡織裳・韓級・矢田・大家、緑野郡武美、片岡郡山等**六郷**一、**別置**二**多胡郡**一
発給	日付・位署の順	位署・日付の順
日付	和銅四年三月九日**甲寅**	和銅四年三月**辛亥**（六日）〔または甲寅（九日）〕
「給羊」の文言	記載**あり**	記載**なし**
「宣」の文言	記載**あり**	記載**なし**
公卿名	太政官二品穂積親王左太臣正二位石上尊右太臣正二位藤原尊	記載**なし**

多胡碑独自の世界に入っていきましょう

日付の違いは多胡碑が本物である証

まずは日付です。発給日が六日辛亥（官符）、符の到着日が九日甲寅（多胡碑）という解釈もあるでしょうが、法令・制度は発給日重視です。

そこで改めて『続日本紀』を開いてみると、「三月辛亥、伊勢國人磯部祖父、高志二人、賜姓渡相神主。割上野國甘良郡織裳…山等六郷、別置多胡郡」とあって、二つの記事が続いていることに気づかされます。同日であった可能性を完全に否定しきることはできませんが、上野の記事の前にあった甲寅（九日）の文字が編集中に落ちてしまったと解釈して良いのではないでしょうか。

このことも多胡碑が本物である証と言えるでしょう。

郡記載順序にも違いがあるが…

多胡碑と官符では郡の記載順序も違っています。多胡碑が片岡・緑野・甘良と記すのに対し、官符は甘良・緑野・片岡の順です。多胡郡となった地域の広がりから言えば官符の順序が妥当です。多胡碑はなぜ片岡郡から書き出すのでしょうか。うがって考えれば、多胡碑を書いた人々が旧・片岡郡出身者だった可能性はありますが、正直言って分かりません。

なぜ「六里」と書かず「三百戸」と書いたのでしょうか

「里」はもともと「五十戸」と書かれ

次に三百戸（多胡碑）と六里（官符）の表現の違いを考えてみましょう。

古代日本の基本法・令（りょう）では「戸令（こりょう）」という条項で地方制度や戸籍・家族制度を規定しています。冒頭に「**五十戸を以て里と為す**（読み下し）」とあります。この規定に従えば、三百戸と六里は完全に合致しています。

なぜ多胡碑は、「六里」と書かず「三百戸」と書いたのでしょうか。

七世紀後半の木簡に「五十戸」と書かれた例が数多く見つかっています。多胡碑が「三百戸」と書いた淵源は、このあたりに求められそうです。例を示しましょう。

石神（いしがみ）遺跡出土木簡（奈良県明日香村）「**乙丑年十二月三野國（みののくに）ム下評（むげのこほり）大山（おほやま）五十戸造（みやつこ）**」

西河原森ノ内第2号木簡（滋賀県野洲市）「**衣知評（えちのこほり）平留（へる）五十戸**」

石神遺跡出土木簡の「三野國ム下評大山五十戸」は美濃国武芸郡大山郷を指し乙丑年は六六五年にあたります。森ノ内第2号木簡は山上碑の読みでも参照しましたが、「衣知評平留五十戸」は近江国愛智郡平流郷を指し六八〇年前後の作と考えられています。

「郷」は「里」の新しい表現ですから、「五十戸＝里」が確認されます。

王権や国家は、人々を「五十戸」という単位で編成することから地方制度を構築し、やがて、その単位のまま「里」と称すようになったということです。「五十戸」が基本です。

では「五十戸」は何と読まれていたのでしょうか。

「五十戸」は「さと」と読まれた

幸いに「五十戸」をどう読むかを伝える歌が『万葉集』に三例ありました。巻十の二二五一番と巻十六の三八四七番、そして山上憶良の貧窮問答歌（巻五、八九二番）です。「橘乎　守部乃五十戸之　門田早稲　苅時過去　不来跡為等霜」（二二五一番）、「檀越也　然勿言　五十戸長　課役徴者　汝毛半甘」（三八四七番）、「楚（＝笞）取　五十戸良我許恵波」（八九二番・貧窮問答歌の一節）と書かれています。

貧窮問答歌は「五十戸良」を「さとをさ」と読んでいますが、三八四七番の歌から考えて「良」は「長」の写し間違いでしょう。五十戸長です。先に引用した戸令は「**五十戸を以て里と為す**」に続いて「**里毎に長一人を置け**（読み下し）」と記し、里長の職掌として「検校戸口、課殖農桑、禁察非違、催駈賦役」を挙げています。現代の言葉で言えば「戸籍調査、農業振興、警察行為、課役督促」となるでしょうか。

なお、『万葉集』の「五十戸」例は意外と少なく、他は二首三か所だけです。全て借訓「いへ」として使われています。

「里」の時代にも多胡碑は古い表現を採用

「五十戸」の読みや『万葉集』に深入りしすぎました。話を戻しましょう。いつから「五十戸」という表現は「里」という表現に代わったのでしょうか。

現在のところ、年次が確実な「里」表現は藤原宮下層運河（奈良県橿原市）出土の「癸未年十一月三野大野評阿漏里」木簡や石神遺跡出土の「甲申□三野大野評堤野里」木簡です。癸未年は六八三年、甲申年は六八四年ですから、六八三年頃には「里」へと表記が変わったようです。

四半世紀も前に「里」制度に変わった後でも多胡碑は古い制度に拠ったということです。

「戸」は徴兵・徴税のための人為的な単位

「戸(こ)」と言うと自然な家族、「里(さと)」と言うと長閑な田園風景を考えがちですが、古代の「戸」や「里」は違います。**王権や国家が人為的に編成した徴兵・徴税の単位**です。

住居一軒が一戸ではありません。現在の私たちが思い浮かべる世帯でもありません。そもそも「こ」という読み自体が音読みです。日本語（やまとことば）ではありません。

「戸」は、概ね、「正丁(せいてい)」と呼ばれる二一歳から六〇歳までの健常な男子三人を核とし、血縁関係・主従関係にある人々で構成されました。当時の戸籍などから一戸の規模はおおよそ二十五人からなっていたことが明らかになっています。そうなる理由があります。

古代の軍事制度です。軍事に関する規定・軍防令(ぐんぼうりょう)に兵士は「**同き戸之内(おなじこのうち)、三丁**（三人）**毎(ごと)に一丁**（一人）**を取れ**」と書かれていることが根拠です。**戸は、兵士となりうる人間を少なくとも三人は抱え、毎年兵士一人を出せる単位**ということです。

徴税よりも徴兵が優先されたと思われます。戸は、毎年兵士一名を出しても、各戸に割り振られた税を何とか納められる単位です。「正丁」三人以上を含む二十五人の規模であれば徴兵・徴税に応じえたのでしょう。

それでも、政権側から見てさえ過酷だったことを歌ったのが貧窮問答歌です。

「里」は軍団の基礎となる「隊」を構成できる単位

一戸から兵士一人を出せば、五十戸は兵士五十人を出す単位となります。

軍防令は「**兵士は各**(おのおの)**、隊伍を為せ**」と記し「**五十人を隊と為す**」と注記しています。

「隊」は「軍団」の基礎でしたから、「里」**とは**「**隊**」**を編成できる単位**と言った方が正確かもしれません。

軍団は兵士一千人で編成され、大毅一人と呼ばれる下士官に率いられます。兵士千人という規模は二十里から徴兵される兵士数ですが、先に示した戸令では「二十里以下十六里以上」を「大郡」と規定し、郡構成の最大規模としています。

軍防令と戸令の対応は、戸や里の制度が徴兵・徴税のための人為的な制度であることを端的に示しています。

「并三郡内三百戸郡成」という表現に込められた意志

こう見てくれば、四半世紀も前にすでに「里」制に変わっているなかで、多胡碑が古い「五十戸」制に拠って「三百戸」と表現していることは、**地域の実情をできるだけ正確に表現しようとした証と見られます**。どのような状況が想定できるでしょうか。

考えられることは、多胡郡成立以前には、『続日本紀』が記すほどにはそれぞれの里の編成は確定できておらず、片岡・緑野・甘良の各郡に展開していた計三百戸の人々が多胡郡と成るに際して、五十戸ごとに新たな編成が行われ里の名が定められた可能性です。

「片岡郡緑野郡甘良郡并三郡内三百戸郡成」という表現には、そうした過程が書き留められていると見てよいのではないでしょうか。

多胡碑の視線が凝縮している「并…郡成」という表現

多胡碑と官符の最大の違い

この「并三郡内三百戸**郡成**」という表現こそ、官符の表現「**割**…六里、**別置**多胡郡」と最も違っているところです。

この表現がいかに特異かは『続日本紀』の国・郡設置記事を拾ってみると分かります。『続日本紀』には二十五の国・郡設置記事がありますが（郡一五例、国一〇例。うち三国は再併合）、多胡郡は最も早い例の一つです。前後する数例を記すと次の通りとなります。

和銅二年十月　**割**品遅郡三里、**隷**葦田郡、**建**郡於甲努村

五年九月　太政官議奏曰…於是**始置**出羽国

十月　**割**陸奥国最上・置賜二郡、**隷**出羽国焉

和銅六年四月　**割**丹波国五郡、**始置**丹後国

割備前国六郡、**始置**美作国

割日向国肝坏・贈於・大隅・姶羅四郡、**始置**大隅国

霊亀元年七月　尾張国人外従八位上席田君迩近及新羅人七十四家…**始建**席田郡焉

二年五月　駿河…七国高麗人千七百九十九人遷于武蔵国、**始置**高麗郡焉

養老二年五月　**割**越前国羽咋・能登・鳳至・珠洲四郡、**始置**能登国

割上総国平群・安房・朝夷・長狭四郡、**置**安房国

割陸奥国石城・標葉・行方・宇太・亘理、常陸国菊多六郡、**置**石城国
割白河・石背・会津・安積・信夫五郡、**置**石背国
三年五月　**分**志摩国塔志郡五郷、**始置**佐芸郡

全例は示しませんが、一見して分かるように『続日本紀』の記載形式の基本は「**割**（または**分**）某（郡・郷）…**始置**（または**建**）某（国・郡）」です。多胡碑タイプの「并…郡成」は一つもありません。**分割・建置が国・郡設置を命ずる符の標準形**と見られます。当然です。符は上級の役所から下級の役所への命令だからです。

これに対して、多胡碑の「并…郡成」という表現は独特です。その地に暮らしている人々が自らの地域を并せて郡を成したという書き方です。地域の視線、主体的な表現です。

「上野国…并三郡内三百戸郡成」からまずは読みましょう

そこまで準備が整ったので冒頭から読んでいきたいのですが、いきなり「弁官符」をどう読むかという難題が行く手を遮ります。そこで、比較的読みやすい「上野国」から「郡成」までを読んでいきましょう。国・郡名は固有名詞だけに独特の読み方があるからです。

上野国・片岡郡・緑野郡・甘良郡の読みと内実

上野国　六九〇年代の藤原宮出土木簡には「上毛野国」とありますから、上野国の表記は七〇一年の大宝令施行によると考えられます。読みは「かみつけのくに」で良いでしょう。

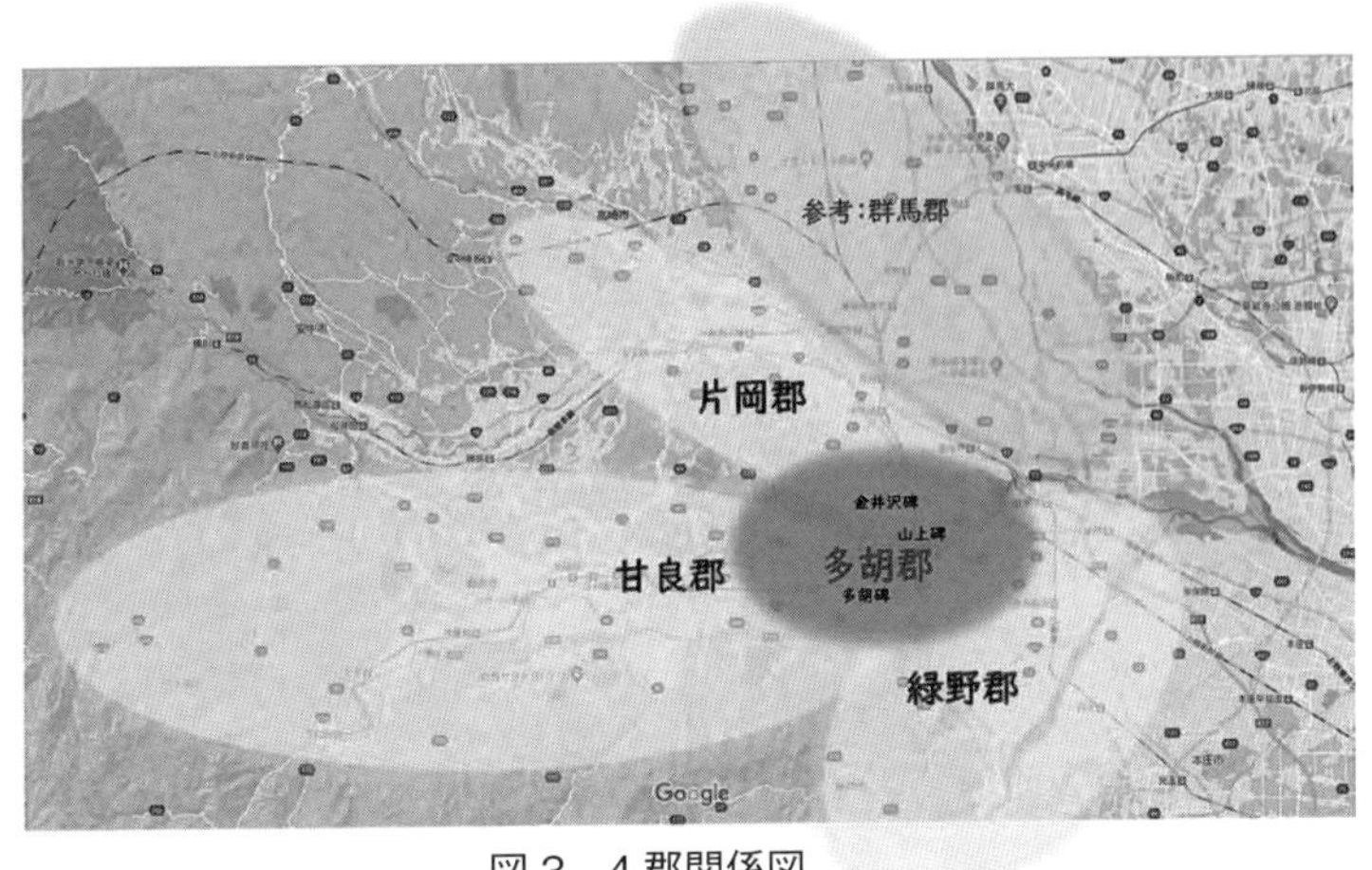

図３　４郡関係図

片岡郡　確認してきたように「罡」は岡の異体字です。現代仮名遣いでは「かたおかのこおり」と読めます。右岸を中心とした烏川流域を指します。高崎市西部地域には片岡の名が伝えられています。『和名類聚抄』によれば、一里が多胡郡となった後も、郡域内に多胡郷（里）という地域がありました。多胡郷には高崎市里見地域周辺を当てる説が有力です。

緑野郡　現代仮名遣いで「みどののこおり」と読めます。「みどの」という読みは『日本書紀』安閑天皇二年五月条や『和名類聚抄』に明記されています。藤岡市一帯が推定郡域です。

一里が多胡郡となった後も一一の郷（里）が属していましたから、もともとは一二里、一万五千人ほどの人口を有していた「上郡」でした。緑野郡だけで大毅一人・小毅一人に率いられる軍団を編成できる郡でした。人口密度も非常に高かったと見られます。

甘良郡　現代仮名遣いで「かんらのこおり」と読めます。甘楽・富岡地区（富岡市・甘楽町・下仁田町・南牧村）が推定郡域ですが、多野郡神流町・上野村も含まれると見られます。

四里が多胡郡となった後も一三もの郷（里）が属していましたから、元々は一七里、二万人を超える「大郡」でした。徴集できる兵士は八五〇人にも達していました。

并　「并三郡内三百戸郡成」の「并」は「ならびに」と「あわせて」の二つの読みがあります。文意から「あわせて」の方が良いでしょう。

以上をまとめれば「上野国（かみつけのくに）の片岡郡（かたおかのこおり）、緑野郡（みどののこおり）、甘良郡（かんらのこおり）、并（あわ）せて三郡の内（うち）、三百戸郡成」となります。「三郡」「三百戸」「郡」は、歴史的には「みつのこほり」「みほへ」「こほり」かもしれませんが、読み継ぐなら「さんぐん」「さんびゃくこ」「ぐん」で良いでしょう。

しかし「三百戸」と「郡成」をどう続けて読むかは、「弁官符」から「郡成」までの全体の読みにかかっています。改めて「弁官符」をどう読むかを考えていきましょう。

「弁官符…并三郡内三百戸郡成」をどう読むか

「弁官符」の読み方…四つの可能性

「弁官符」をどう読むか、あるいはどう書かれているかには四つの可能性があります。それに呼応して「上野国…并三郡内三百戸郡成」の読み方も変わってきます。

(1) 太政官符（官符）の別称・略称と見る。「弁官符に…郡と成せとあり」と読む形です。
(2) 弁官を主語として「符」を動詞で読む。「弁官、符す。…郡と成せ」と読む形です。
(3) 弁官から（発給された）符と読む。「弁官からの符に…郡と成せとあり」と読む形です。
(4) 「弁」を動詞、「官符」を目的語として読む。「官符を弁へ、…郡を成す」と読む形です。

四つの可能性のうち(1)(2)(3)は二つの共通点を持っています。第一の共通点は国家（太政官）を主語としていることです。第二の共通点は太政官符（官符）が弁官を通して発給されるという流れを重視していることです。いわば「石の高札」です。

以上を前提として、⑴⑵⑶を見ていきましょう。

まず⑴は、太政官符（官符）を弁官符と略す例が他に見られず、また、弁官はあくまでも事務局に過ぎないことから、成り立つ可能性は低いと言ってよいでしょう。

⑵は、一部の公的解説書などが採用している読み方ですが、⑴同様、弁官はあくまでも事務局にすぎないという問題をはらんでいます。しかし、当時の史・資料が「符」を動詞として使用する例があれば、成り立つ可能性があります。

その点、⑶は、弁官を主語としていないので、⑴⑵より高い可能性を持っています。

以上の三つとは全く異なる書かれ方と捉えての読みが⑷です。

「弁」を動詞としてどのように読むのかという課題は残りますが、「弁官から発給された太政官符（官符）を受け止めて、三百戸の人々は多胡郡を成り立たせた」という文意となります。三百戸の人々が主語となりますから、多胡碑の視線に一番合った読み方です。

「弁を動詞、官符を目的語として読む」ことは妥当か

したがって、多胡碑の視線を考えれば⑷の可能性がより高いということになりますが、⑵の可能性は本当にないのでしょうか。先に見たように、行政文書の書式を定めた公式令（くしきりょう）符式には「太政官符ス二其ノ国ノ司ニ一」とあり、ここでは「符」は動詞として使われているからです。煩瑣ですが、「符」という文字の使われ方を

改めて見ていきましょう。

「符」という文字の使われ方　表10にまとめたように、「符」は、行政文書（の下書き）である木簡に符式表現として散見されますが、多胡碑以外のいずれの金石文にも「符」の文字は見られません。『万葉集』にもありません。『古事記』も序文の「乾符」だけです。『日本書紀』には二一例見られますが、「ふ」の音仮名と「璽符」などの名詞としての例だけです。『続日本紀』には四四例見られますが、「符」単独で行政命令を示すと見られる例が一八と最も多く、「官符」一二例、「太政官符」二例と続き、符瑞・祥符など、行政命令と見るよりも良き験（しるし）と見られる例が一二ありました。動詞としての用例はありません。

表10　「符」の用例

金石文	なし。
『古事記』	序文に「乾符」とあるのみ。
『万葉集』	なし。
『日本書紀』	「ふ」の音仮名9。「璽符」などの名詞12。動詞としての使用例なし。
『続日本紀』	「符」単独で行政命令を示す例18。官符12。太政官符2。良き験と見られる例12。動詞としての使用例なし。
木簡	符式表現散見。

つまり、「符」は、木簡には符式表現が見られるものの、他の史料での現れ方には偏りがあり、名詞や熟語の一部、音仮名使用が一般的で、通常、動詞としては使われないということです。(2)の可能性は大きく後退しました。

一方の「弁」は、どのような使われ方をしているでしょうか。

「弁」という文字の使われ方　「弁」は「辦」「辨」「辯」などの異体字を持っていますが、『全訳　漢辞海』の書き方を見ると、「弁」という字体を中核と捉えてよいようです。冠の名としての単独名詞例以外では、「識別する・わきまえる」、「論争する・言い訳する」などの動詞としての使用と、それに基づく熟語例が大半です。

金石文では、多胡碑以外には「弁」という文字は見られません。木簡も、文として検証しうるのは江戸時代前半のものなどに限られます。

『古事記』一五例・『万葉集』三例は全て「べ甲類」の音仮名でした。『日本書紀』には二一例見え、大弁官二例、僧の名の一部六例、「べ甲類」音仮名二例、熟語三例以外の八例は動詞として使われています。『続日本紀』には三一六例もありましたが、僧の名の一部三七例以外の二七九例は弁官や大弁・中弁という使われ方でした。単独の名詞例も動詞としての使用例もありません。結果をまとめた表11に明らかなように、**「弁官符」という用例はなく、「弁」を動詞として使う使い方は比較的古い**と言えそうです。

表11　「弁」の用例

金石文	多胡碑のみ。
木簡	検証対象となるのは江戸時代前半のものなどに限られる。
『古事記』	べ甲類の音仮名のみ。
『万葉集』	べ甲類の音仮名のみ。
『日本書紀』	べ甲類の音仮名2。大弁官2。僧の名の一部6。熟語3。動詞としての使用8。
『続日本紀』	僧の名の一部37。弁官関係の名詞279。動詞としての使用例なし。

「弁」は「わきまえる」と読みましょう

こうした状況から、⑷の「弁を動詞に、官符を目的語として読む」読み方がよりふさわしいと思われます。

では、「弁」はどう読んだら良いでしょうか。「識別する・わきまえる」でしょうか。「論争する・言い訳する」でしょうか。

参考となるのは『日本書紀』推古天皇十二年（六〇四）四月条に載せられた憲法十七条の第十七条に見える「弁」の読み方です。

独断を戒めて「衆と相弁は辞すなわち理を得」とあります。「**わきまえる**」です。**判断して理解する、心得る**という意味です。

「弁」を「わきまえる」と読み、官符を目的語と捉えれば、多胡碑の一・二行目は「**官符を弁まえ、上野国の片岡郡、緑野郡、甘楽郡、并せて三郡の内の三百戸は郡を成す**」と読めることになります。**多胡郡の人々「三百戸」**が多胡碑碑文の主語となります。「多胡碑には主語がない」という誤解も覆ります。

「給羊成多胡郡」をどう読んだらよいでしょうか

官符には書かれていなかった文言「給羊」

「郡成」に続く「給羊成多胡郡」をどう読むかが次の課題となります。

「多胡郡」の名は『続日本紀』にも明記されていますが、「給羊」という文言は『続日本紀』には見られません。と言うことは、太政官符には書かれていなかった文言です。

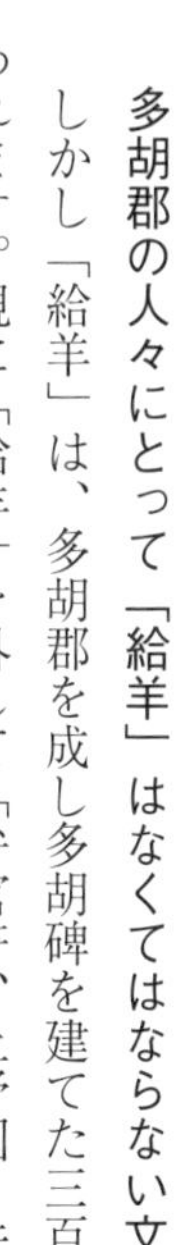

多胡郡の人々にとって「給羊」はなくてはならない文言

しかし「給羊」は、多胡郡を成し多胡碑を建てた三百戸の人々にとってなくてはならない文言だったと思われます。現に「給羊」を外して「弁官符、上野国…并三郡内三百戸多胡郡成」と書いても意味は通ります。むしろこの方が『続日本紀』との符合は強まります。しかしそれでは、多胡郡を成り立たせた人々には不十分でした。それは、「給羊」が「成多胡郡」の**根拠**だったからではないでしょうか。

「羊」人名説を前提に読むことができるでしょうか

「給羊」とはどのような意味だったのでしょうか。

多胡碑周辺では、「羊」を「郡司に任命された人物」とする説が通説化し、羊太夫伝承という形にまとまってきています。物語性の高い魅力あふれる伝承です。私自身も、長い間、何の疑念も持たず、羊は人物と受け止めてきました。しかし、「羊」人名説はそれほどまでに確かなものでしょうか。

羊太夫伝承を除けば、「羊」人名説の根拠は次の二点です。

第一点は、上野国分寺・尼寺中間地点遺跡などから出土したヘラ書き瓦です。

「羊子三」と読まれてきたヘラ書き瓦

「羊子三」と読めると思われてきました。しかし現在、ほぼ全ての研究者が「辛子三」の誤読であると認めています。読み誤ったのは、山上碑同様、当時の「辛」字体が「辛」だったからです。亠（なべぶた）を取れば「羊」です。「辛子三」となれば、「辛科（からしな）（韓級）郷」の「子」という氏族の「三」を表すと読むのが合理的です。

第二点は、官職を選任する選叙令（せんじょりょう）郡司条の注釈です。

令の注釈書『令集解』（天長十年〈八三三〉）に次のように書かれています。

（令　本　文）**凡そ郡司には性識清廉にして時の務に堪えたらん者を取りて大領（＝長）・少領（＝助）と為よ。**
（注　　釈）**其れ大領・少領、才用同じくは、先ず国造を取れ。**
（注釈の注釈）**古記に云う。先ず国造を取れと謂うは必ず国造之人を給せらるべし。**

郡司選定の際、大領・少領は、才用が同じであれば国造の地位にある人物から任用せよという注釈に対して「必ず国造之人を給せらるべし」と注釈を重ねた部分に「給」とあることから、多胡郡設置に際して「羊」という人物が郡司に任じられたという解釈です。故・尾崎喜左雄先生が、流布されている羊人名説を何とか合理的に解釈できないかと、苦心に苦心を重ねて出された一つの提案です。

しかし、この「給」は「国造の地位にある人に郡司の職を与えよ」ということではなく、「国造の地位にある人を郡司とせよ」と読むのが自然です。また、『続日本紀』などにおける**郡司任用記載には全て「任」が使われており、「給」をもって郡司の任用が記されることはありません。**

選叙令郡司条の注釈を「羊」人名説の根拠とするのはいささか無理があります。

このように見てくると、羊人名説はそれほど確かなものではありません。

多胡碑を初めて本格的に研究した下仁田（群馬県甘楽郡下仁田町）の漢学者・高橋道齋（一七一八～一七九四）は『上毛多胡郡碑帖』に「土人、呼びて羊太夫碑と為す。故、姑く土人の伝える所に従い記すこと、此れ左の如し」（宝暦七年〈一七五七〉）として羊太夫伝承を紹介しながらも、その段落の冒頭に「**郡成給羊の義、未詳**」と記して伝承との安易な結合を戒めています。

高橋道齋の態度を継承し、先入観なしに「給羊成多胡郡」を読んでいきましょう。

モノの可能性が高い「給羊」の「羊」

再考の手段として、「給」という動詞がどう使われているかから見直してみましょう。

「給」は「与える」という意味の動詞ですが、「何を（直接目的語）」と「誰に（間接目的語）」の二つの目的語を取ることができます。英語のgiveと同じような動詞です。

「給」が「誰に」を目的語としている用例が多ければ「羊は人名」に、「何を」を目的語としている傾向が強ければ「羊は文字通りの動物」になる可能性が高まります。

表12にまとめたように、『古事記』は、序に見られる「共給（そな）わる」という熟語を除く一五例中「何を」一一例、「誰に」一例、「何を誰に」三例でした。『日本書紀』は四五例もありましたが、「給（つ）ぐ」「供給（たてまつる）」という特殊な読みや熟語六例以外は、「何を」二八例、「誰に」二例、「何を誰に」七例でした。『続日本紀』は例が多いので和銅四年を挟む巻四・巻五（慶雲（きょううん）四年七月から和銅五年十二月）だけを選んでみましたが、熟語用例を除く一六例全てが「何を」を目的語としていました。「誰に」を目的語とする例はありませんでした。『万葉集』は八首に一例ずつあり、補助動詞「たまふ」五例、「何を」三例で、『続日本紀』同様、「誰に」を目的語とする例はありませんでした。

表12　「給」の用例

書名	用例
『古事記』	「何を」11例。「誰に」1例。「何を誰に」3例。熟語1例。
『万葉集』	補助動詞「たまふ」5例。「何を」3例。「誰に」なし。
『日本書紀』	「何を」28例。「誰に」2例。「何を誰に」7例。熟語等6例。
『続日本紀』	巻四・五のみの検索だが、「何を」16例。「誰に」なし。

まとめれば、熟語や特殊な用例を除けば、どの書物も**「何を」を目的語としている例が圧倒的**です。「誰に」だけを目的語とする例はほぼありません。

多胡碑の「給」も「何を」を目的語としている可能性が高くなります。

「給」の対象は必要とされる非常に具体的な物や人員

「何を」の内実に踏み込んでみましょう。『日本書紀』四五例中一六例が集中している天武天皇の巻（六七三〜六八六）と『続日本紀』巻四・五（七〇七〜七一二）を採りあげて考えてみましょう。多胡碑を前後する期間での「何を」の実態が分かるからです。

天武天皇の巻では「禄」四例、「封戸」「食封」各二例、衣料類三例などが見られました。

天武天皇の時代は律令国家誕生前夜ですが、律令国家では「禄」は貴族・官人の官職に従っての報酬です。禄令の規定では衣料（絁・綿（真綿）・布（麻布））や鍬が禄の内実でした。「食封」は皇族と四位以上の貴族（上・中級貴族）に与えられる隷属民です。「封戸」は重なる概念です。貴族・官人の官位に与えられる報酬や隷属民が「給」の対象だったということです。

『続日本紀』の当該の巻では、熟語用例を除くと、「薬」九例、「傔仗」三例、「稲（穀）」三例、「粮馬脚夫」一例が見つかりました。「傔仗」は護衛官、「粮馬脚夫」は国司巡察の際に支給される食料・馬・人員です。「禄」や「食封」がなくなり、そのとき必要とされる非常に具体的な物や人員になっています。

この変化を裏付ける証拠があります。「禄」や「食封」を与える際の動詞の変化です。「給」から「賜」へと大きく変わっています。『続日本紀』全体で「給禄」三例に対し「賜禄」一二四例と桁違いです。「食封」でも、「給」が一例なのに対して「賜」は八例もあります。なお、「食封」については寺院等への施入の用例があり、この場合は「施」が使われます。

「給」は、天武天皇の時代つまり山上碑の時代には貴族・官人に報酬や隷属民を与える際の動詞として使われたが、多胡碑の時代には、そうした使われ方は薄れ、時に必要とされる非常に具体的な物や人員を与える際に使われる動詞に変わったということです。

この変化は大きいと言えましょう。

そこから考えると、**多胡碑の「給」は、その時に必要とされる価値ある物や人員を具体的に指していたと**考えられます。そして、それは**多胡郡という郡名と関わるもの**だったと予測されます。はっきり言えば「**動物としての羊**」です。

一方で、もし「羊なる者」に与えられたとすれば、文脈から、与えられたものは「三百戸」ないし「多胡郡」とならざるをえません。禄令によれば「三百戸」が食封として与えられる貴族は正一位という最高位の貴族です。郡司とは雲泥の差です。誤解・不敬を招く表現となります。ありえません。郡司に任命したなら「郡司に任じた」と記せば十分です。

百年以上前に羊は日本にもたらされていた

「羊」が「動物としての羊」である可能性が高まりましたが、動物としての羊が当時の日本で飼われていたことを示唆する史料がいくつかあります。

まず、『日本書紀』推古天皇七年（五九九）九月条に「百済、駱駝（らくだ）一匹、驢（うさぎうま）（＝ろば）一匹、羊二頭、白雉（しろきぎす）（＝きじ）一隻を貢ぐ」（読み下し）とありました。「二頭」とあって「番（つがい）」とないので、繁殖したかは不明ですが、羊がもたらされていたことは確かです。

隣国・下野は国内唯一の毛織敷物生産地

そこで浮かび上がるのが律令の施行細則集『延喜式』（延長五年（九二七）撰進）の記載です。巻十五の内蔵寮・諸国年料供進条と巻二十三の民部下・下野国条です。

上野国の隣国・下野国から毎年「**氈十枚**（張）」を朝廷に献上すると記されています。「氈」とは毛氈、フェルトのことです。**羊毛などに熱や圧力を加えて作る板状の毛織敷物**です。『日本書紀』天武天皇十年（六八二）四月条の服飾規定には「氈褥」という言葉も出てきています。

氈と記される毛織敷物が毎年十枚ずつ下野国から献上されていたということです。**下野国だけ**です。**大変な特産品**です。

羊毛と言うと、糸にして織る、ウールを思い浮かべる方が多いでしょうが、毛を圧縮して作るフェルトにも注目したいものです。シルクで言えば真綿に当るような存在です。

氈の原材料は明記されていませんが、『日本書紀』皇極天皇二年（六四三）十月条に「山羊」と書かれる「かましし（カモシカ）」ではないようです。カモシカの角「零羊角」が全国から献上されている（諸国年料供進条に「諸国所進。其数随所出」と記載）のに対し、氈は下野国からだけの献上だからです。下野国では羊が飼われ毛氈が作られていたと見てよいでしょう。上野国ではありませんが、**隣国だけに心ひかれます。**

では、どこで羊は飼われていたのでしょうか。慈覚大師円仁（七九四～八六四）生誕の地、都賀郡**三毳山**（栃木県栃木市・佐野市）周辺が浮かび上がります。その円仁と上野三碑に深い繋がりがあることは、金井沢碑のところで改めて紹介しましょう。偶然かもしれませんが、多胡郡の南には「みかも」を連想させる御荷鉾山（群馬県藤岡市・多野郡神流町）が聳えています。

氈が生活の必需品であった胡人（胡族）

「かも」は日本語(やまとことば)でしょうが、氈は中国の北・西部の草原・高原に暮らす遊牧民の間で作られていたものです。その人々は**胡人**(こじん)**（胡族）**と呼ばれていました。牧羊の民です。衣食住全てを羊に依拠する人々です。

　胡人（胡族）の間では、私たちが毛氈の語で思い浮かべる敷物だけでなく、ゲルと呼ばれる住居も氈（フェルト）で作られます。遊牧民は騎馬民でもあります。鞍は馬の背に氈を敷いた上に置かれます。氈は生活の必需品でした。文化そのものと言っても良いほどです。

胡人（胡族）文化ゆかりの郡設置

「羊」を「動物としての羊」と考え、氈生産が企図されていたとすれば、「給羊」と「成多胡郡」を一対の言葉として捉える論理が浮かび上がってきます。牧羊・氈生産をはじめとする最新の技術開発特区としての胡人（胡族）文化ゆかりの郡設置という論理です。

　胡人（胡族）の範囲は時代によって変遷していますが、一般には匈奴(きょうど)・羯(けつ)・鮮卑(せんぴ)・氐(てい)・羌(きょう)を五胡(ごこ)と言い、鮮卑・烏桓(うがん)・契丹(きったん)を**東胡**(とうこ)と言います。

　特に注目したいのは東胡の中心であった**鮮卑族**です。北魏とその後継王朝を建てた人々です。

　北魏とその後継王朝に一つの源流を持つ字体や碑文が上野三碑に集中し、わが国石碑文化の源流になっていることも、胡族の文化との強い繋がりを意識させます。

なぜ新羅郡や韓級郡ではなく多胡郡

しかし、まだ、それは、一つの仮説に過ぎません。より有力な論拠が必要です。手探りの糸口を二つ示しておきたいと思います。

第一の糸口は、新郡が「新羅郡（しらぎ）」や「韓級郡（からしな）」ではなく「多胡郡（たご）」と命名されことです。後述するように、天平神護二年（七六六）五月、吉井連という氏姓を与えられた「新羅人子午足ら一百九十三人」は、多胡郡を中心とする地域にいたと考えられます。そこから、新羅系を中心とする渡来系の人々が多かったので「胡」すなわち異国と考えて多胡郡とされたというのが通説です。しかし、それだけなら「新羅郡」でも良いはずです。

現に、天平宝字二年（七五八）八月「帰化の新羅僧卅八人、尼二人、男十九人、女廿一人を武蔵国の閑地に移して」置かれた郡は「新羅郡（しらぎ）」と名付けられました。霊亀二年（七一六）五月「駿河、甲斐、相模、上総、下総、常陸、下野の七国の高麗（こま）（＝こうくり）人（びと）千七百九十九人を武蔵国に遷して」置かれた郡は「高麗郡（こま）」と名付けられています。

新羅郡や高麗郡が他の地域からの集団移住に基づく郡設置なのに対して、多胡郡は既住地での郡設置だから状況が異なるという考え方もありますが、多胡郡に最大四つの里（郷）が割かれた甘良郡の「甘良」は「加羅（から）」です。多胡郡総鎮守・辛科（からしな）神社鎮座の地は韓級（からしな）郷ですから、「韓級郡」でも良かったはずです。「新羅郡」や「韓級郡」に還元できない何かがあったはずです。それこそが「給羊」だったのではないでしょうか。

逆に、片岡郡には、多胡郡に移されなかった地域に多胡郷が見出せますが、多胡郡とされた地域には三郡とも多胡郷はありませんでした。想像をたくましくすれば、残された片岡郡の地域でも胡族ゆかりの先端技術開発が企図されていたのかもしれません。

他にもある、渡来系集団中心の郡だが主要生産品を郡名とするケース

そこに二つ目の糸口が見えます。渡来系集団中心の郡だが、出身地の地名・国名ではなく、主要な生産品を郡名としているケースがあることです。河内国錦部（にしこり）郡です。錦織とも書かれ、百済（くだら）郷と余部（あまるべ）しか属していません。百済系渡来集団を中心とした郡ですが、百済郡と命名されず、生産された高級織物の名をもって郡の名が付けられています。この例にならえば、胡族ゆかりの牧羊・氈生産をもって郡名とした可能性は高まります。しかし牧羊・氈生産はうまくいかず、下野国に中心を移したのではないでしょうか。

「和銅四年三月九日」にも深い意味

元号を記した最初の石碑

視点を変えて、第三行末の年月日についての考察を深めてみましょう。「和銅四年三月九日甲寅」についての検証です。和銅四年は七一一年で、三月九日は確かに甲寅です。何の問題もないようです。

しかし、多胡碑は**元号を記した最初の石碑**だという点に重要な問題が含まれています。

日本の元号は六四五年の「大化（たいか）（六四五～六四九）」が最初と教え込まれてきました。その後、白雉（はくち）（六五〇～六五四）、朱鳥（あかみとり）（六八六）という元号が使われたと『日本書紀』は書いています。

しかし、『日本書紀』が記す大化・白雉・朱鳥に当る期間に元号が記された石碑も墓誌も造像銘もありません。木簡も同様です。

その点で特に興味深い存在として那須国造碑（七〇〇年）が浮かび上がります。

那須国造碑は唐の元号「永昌元年（六八九）」から書き始め、碑を建てた七〇〇年を「庚子年」と記しています。唐の元号を使うほど元号を意識していた那須国造碑建碑者が「庚子年」と記していることは、当時日本では元号が定着していなかった何よりの証拠です。『日本書紀』自身も朱鳥を六八六年しか使っていません。

金石文や木簡が語る真実〜継続する元号は大宝から

一方で「慶雲（きょううん（けいうん））」「和銅」と書かれた木簡は藤原宮跡からかなりの枚数が見つかっています。文脈から「大寶（宝）」と読める木簡も複数見つかっています。大寶二年銘を持つ戸籍断簡も複数残され国宝となっています。

そこで、「大化」から多胡碑前後までの金石文の紀年銘を見直してみましょう。

表13に明らかなように、六四五年から七〇〇年までの金石文の紀年は全て干支です。

そこで注目されるのが粟原寺（おうばらでら）三重塔伏鉢（ふくばち）の銘文（七一五年）です。「伏鉢」は塔の上部に建てる金属製相輪（そうりん）の一番下にある部分です。椀を伏せたような形をしていることから伏鉢と呼ばれますが、「甲午年」に造り始め、「和銅八年」に完成したと記されています。「甲午年」は六九四年です。「和銅」という元号の確実な使用を多胡碑と共に証明する一方で六九四年には元号は使われていなかったことを明かしています。

金石文や木簡の示す実態を素直に読めば、「大化」「白雉」「朱鳥」という元号は、制定されたかもしれないけれど、少なくとも広範には共有されなかったと結論づけられます。

貴族・官人から公民全てが認識を共有し、現在まで途切れることなく使われ続けている元号は大宝に始まると考えるべきでしょう。

表13　金石文の紀年名（常用漢字体）

紀年銘	西暦	金石文名
辛亥年	六五一年	法隆寺献納宝物金銅観音像台座銘（東京国立博物館）
甲寅年	六五四年	法隆寺献納宝物釈迦像光背銘（東京国立博物館）
戊午年	六五八年	旧観心寺蔵阿弥陀仏像光背銘（東京都・根津博物館）
丙寅年	六六六年	法隆寺献納宝物菩薩半跏像台座銘（東京国立博物館）
丙寅年	六六六年	河内野中寺弥勒菩薩像台座銘（大阪府羽曳野市）
戊辰年	六六八年	船王後墓誌（東京都・三井記念美術館）
丁丑年	六七七年	小野毛人墓誌（京都市左京区、崇道神社）
辛巳歳	六八一年	山上碑（群馬県高崎市）
壬午年	六八二年	法隆寺命過幡「飽波書刀自入奉者田」（奈良県斑鳩町）
降婁（戌年）	六八六年	長谷寺法華説相図（奈良県桜井市、六九八年説もあり）
壬辰年	六九二年	法隆寺命過幡「満得尼為誓願作奉幡」（奈良県斑鳩町）
壬辰年	六九二年	出雲国鰐淵寺観音菩薩台座銘（島根県出雲市）
甲午年	六九四年	法隆寺銅板造像記（奈良県斑鳩町）
庚子年	七〇〇年	那須国造碑（栃木県大田原市）
壬歳次攝提格	七〇二年	豊前国長谷寺観音菩薩像台座銘（大分県中津市）
慶雲四年	七〇七年	文祢麻呂墓誌（東京国立博物館、「丁未」併記）
慶雲四年	七〇七年	四天王寺蔵威奈大村骨蔵器（大阪市天王寺区、「丁未」併記、文中太寶（大宝）二年・四年、慶雲二年の記載もあり）
和銅元年	七〇八年	伊福部徳足比売骨蔵器（東京国立博物館）
和銅元年	七〇八年	圀勝寺下道圀勝弟国依母夫人骨蔵器（岡山県矢掛町）
和銅四年	七一一年	多胡碑（群馬県高崎市）
和銅七年	七一四年	佐井寺僧道薬墓誌（奈良国立博物館）
和銅八年	七一五年	粟原寺三重塔伏鉢銘（奈良県桜井市、談山神社）

石碑に元号が刻まれた深い意味

そうした流れのなかで、多胡碑が元号を刻む最初の石碑であることの意味は非常に大きいと言えます。石碑の特徴は公開の場で不特定多数に読み継がれることにあるからです。したがって、石碑に嘘は書けません。埋納される墓誌や鏡剣銘、光背や框などに記される造像銘以上に、石碑は、不特定多数の人々が納得して読めることが前提となります。

わけても元号は、共通理解、共有性が要です。天皇や一部の貴族・官人がそう思っているだけでは元号は成り立ちません。広く公民が認識し共通理解して初めて元号となります。

多胡碑に「和銅四年」と書かれたことは、**和銅四年という元号で表わされる〝とき〟が広く共有されていたことを**証明しています。しかも、強調してきたように、多胡碑は地域主体の立場で書かれた碑です。多胡郡を成した人々は和銅四年という〝とき〟を積極的に共有していたということです。

「和銅四年」の意味は『続日本紀』の記載と符合していたことが重要なのではありません。**地域の人々が〝いま〟を和銅四年と認識していたことこそが重要**です。

蛇足を一つ。このように見てくると、宇治橋断碑に「大化二年」とあったという指摘が出て来ます。しかし、宇治橋断碑の現存部分には「大化二年」の表記は見られず一四世紀後半成立の『帝王編年記』の中での推定記載にすぎません。多胡碑をはじめとする金石文や木簡が示す流れをくつがえすほどの史料性はないと言ってよいでしょう。

改めて前半三行を通読してみましょう

以上、いささか煩わしい議論にお付き合いいただきましたが、そうした背景の下で多胡碑の前半部を通読してみましょう。

私の通読案は次のとおりです。あくまでも一案です。それぞれに読みを考えてください。諸説を出し合うことが大切です。

官符を弁え（＝心得て）、**上野国の片岡郡、緑野郡、甘良郡、并せて三郡の内、三百戸は郡を成す。羊を給わり**（牧羊・氈生産・胡族文化ゆかりの）**多胡郡と成す。和銅四年三月九日甲寅なり。**

後半三行は何を書いているのでしょうか

再度碑文を眺めてみましょう。五・六行目は繋がっているので次の構成になります。

第一～三行　**弁官符上野国片岡郡緑野郡甘良郡并三郡内三百戸郡成給羊成多胡郡**
　和銅四年三月九日甲寅（四〇字）

第四行　**宣左中弁正五位下多治比真人**（一三字）

第五～六行　**太政官二品穂積親王左太臣正二位石上尊右太臣正二位藤原尊**（二七字）

前半三行は、多胡郡を成した人々の意志と行動を記す一つの文でした。

字数で見れば、四行目（一三字）＋五・六行目（二七字）で前半三行と同じ四〇字となりますから、構成を考えると、後半三行で一つの文と考えるのが論理的でしょう。次のように読み下せますが、位と官職が付された人名が並んでいるだけです。

宣は左中弁正五位下多治比真人、
太政官は二品穂積親王、左太臣は正二位石上尊、右太臣は正二位藤原尊なり。

いったい何を書いているのでしょうか。

太政官符に発給者位署として左中弁は署名しますが、太政官構成の公卿たち（知太政官事、左大臣、右大臣など）は署名しません。前半三行が官符の写しでないように、ここに並ぶ人名も官符の写しとは考えられません。奥深い何かがありそうです。

穂積を作り出した多胡郡民の心

示偏は神様の記号

糸口は穂積という文字です。禾偏ではありません。示偏です。こんな文字はありません。**多胡碑を建てた人々が作り出した文字です。ここでしか使えない特別な表現です。**

示偏の文字が二つ並ぶ例を知っておられるでしょう。そうです。「神社」です。「神社」が示すように、示偏は神事に関わる文字です。「示」は古代中国で祝詞や供物を載せ神託を受ける台を指しました。「示す」も神託を意味する言葉です。

多胡碑を建てた人々にとって穂積親王は神

多胡碑を建てた人々にとって、穂積親王は神だったからです。

穂積親王は天武天皇の第五皇子です。大宝元年（七〇一）の大宝令制定に伴って三品（さんぽん）（親王・内親王の位階は諸王・人臣と区別した品位（ほんい））に叙され、持統天皇の葬礼を取り仕切った後、慶雲二年（七〇五）太政官を統括する知太政官事（ちだいじょうかんじ）に任ぜられ、政府の頂点に立ちました。多胡郡設置時は位階が二品に上っていたことが多胡碑から読み取れます。和銅八年（七一五）正月、最高位の一品（いっぽん）に叙され、その年の薨去です。まさに雲上人でした。

天皇を神と詠んだ歌が『万葉集』にはいくつも残っています。ご存知の方も多いと思います。例を挙げてみましょう。

皇者（おほ(お)きみは）　**神尓之座者**（かみにしませば）　赤駒之（あかごまの）　腹婆布田為乎（はらばふ(う)たゐ(い)を）　京師跡奈之都（みやことなしつ）（巻十九・四二六〇番）

大王者（おほ(お)きみは）　**神尓之座者**（かみにしませば）　水鳥乃（みずとりの）　須太久水奴麻乎（すだくみぬまを）　皇都常成通（みやことなしつ）（巻十九・四二六〇番）

いずれも壬申の乱に勝利した後の天武天皇を歌い上げた歌です。天皇は神だから、赤駒が這って犂を牽くような泥田や水鳥が群れている沼地も都に変えてしまうという歌です。

天皇を神とみなすのは比喩ではありません。太政官符の書式などを載せる公式令（くしきりょう）に天皇の詔勅は五つあるとして、次のように記しています。（）内は注釈読み下しです。

明神　御　宇　日本天皇　詔　旨（あらみかみとあめのしたしらすやまとのすめらがおほ(おお)むこと らまと）（大事を以て蕃国使に宣るの辞）

明神御宇天皇詔旨 らまと（次事を以て蕃国使に宣るの辞）

明神御大八洲（おほ(おお)やしまくに）天皇詔旨 らまと（朝廷の大事に用いるの辞）

天皇詔旨 らまと（中事に用いるの辞）

詔旨 らまと（小事に用いるの辞）

「**明神**」とあります。令の公式注釈書『令義解』は「**あらみかみ**」と読んでいます。「あきつかみ」と読む書もあり、『万葉集』は「**明津神**」と書いています（巻六・一〇六〇番）。一般に「**人の姿をもって現れている神**」と解釈され、日本武尊は、蝦夷に対して自らを「**現人神の子**」と称しています。（『日本書紀』景行天皇四十年是歳条）

「蕃国」は古代日本国家が持った小中華思想のもとでの新羅・渤海両国の呼び方ですが、**外交や国家の大事に際しては、人の姿をもって現れている神として日本を治めている天皇が詔勅を発する**という形です。

「人の姿をもって現れている神」と考えられていたのは天皇だけではありませんでした。穂積親王の弟で文武天皇三年（六九九）薨去の弓削皇子の挽歌（死を悲しみ悼む歌）には次のようにあります（長歌に対する反歌）。

王者　神西座者　天雲之　五百重之下尓　隠賜奴（巻二・二〇五番）

穂積親王の他の兄弟、忍壁皇子・長皇子も同じように歌われています。天皇・上皇・皇太子だけでなく天皇一家は「人の姿をもって現れている神」と見られていたということです。

穂積親王は見事な造字

穂積親王は天武天皇第五皇子であり、多胡郡設置時、知太政官事二品という極位極官にありました。まさに「**人の姿をもって現れている神**」でした。

その穂積皇子を表現するに際して、**穂積の禾偏を、神事を表す示偏とし、皇子一般から区別した親王の文字を配した造字選択**は見事としか言いようがありません。

太政官符とその発出者である国家の形と意思を正確に理解し、その構造にあった造字までしていたということです。従前、私は、多胡郡を成した人々にとって穂積親王は神のような存在だったと理解していましたが、「人の姿をもって現れている神」と正しく捉えた結果の造字であることに、自らの理解の浅さを恥じるとともに、改めて驚かされています。

草書体「正」と「尊」字選択にも意味が

そのことが分かってくると、「左太臣正二位石上尊右太臣正二位藤原尊」の草書体の「正」や「尊」字の選択にも深い意味があるのではと考えたくなります。

石上尊・藤原尊は「神に準じた人臣」

「正」から考えましょう。四行目の「左中弁正五位下多治比真人」の「正」は、他の文字同様楷書体なのに、なぜ石上尊・藤原尊は「正二位」と草書体で書かれたのでしょうか。

官位あるいは身分と関係している可能性があります。

古代社会は貴族が治める社会ですが、貴族は家柄によって上りうる身分が三つに分かれます。三位（さんみ）以上に上りうる上級貴族、四位（しい）までの中級貴族、五位（ごい）までの下級貴族の三つです。この間には越えがたい壁があります。六位以下は貴族ではありません。

上級貴族は公卿（くぎょう）と呼ばれ国家の意思を決定します。この中から知太政官事（太政大臣）・左大（太）臣・右大（太）臣などが選ばれます。**石上尊・藤原尊はこの中にいます**。人臣ではありますが、天皇家一家の親王・内親王、「人の姿をもって現れている神」の一品から三品に対応する人々です。「**神に準じた人臣**」と言って良いでしょう。

中級貴族（四位）に対応した官職には八省の卿（長官）や左右大弁、神祇伯（神祇官長官）などがあります。現代の政府機構で言えば各省の大臣に当たります。

下級貴族（五位）に対応した官職には八省の輔（次官）や左右中弁などがあります。各省の副大臣です。**多治比真人は、多胡郡設置時点では、この地位にありました。**

四位・五位の扱いは難しく、家柄によって最終到達の位階か経過途上の位階かが決まります。多治比真人は当代天皇家に近い臣籍降下皇族なので経過途上です。

多治比真人は、今後、四位以上に上りうるが、現時点では下級貴族である。だから「正五位下」と楷書で書く。それに比べて**石上尊・藤原尊は「神に準じた人臣」だから「正」の字を草書体「[illegible]」で書くことで違いを鮮明にし、**さらに尊の字を当てたのではないでしょうか。

石上尊は石上朝臣麻呂、藤原尊は藤原朝臣不比等

「尊」は「命」とともに「みこと」に当てられた漢字ですが、『日本書紀』の冒頭「神代上」の文中に「**至りて貴きをば尊と曰う。自餘をば命と曰う。並に美挙等と訓う**」と書かれているように、その扱いには区別がありました。現に『日本書紀』の中では天皇及び皇祖神にしか「尊」の文字は当てられていません。

石上尊と書かれている人物の本名は石上朝臣麻呂、藤原尊の本名は藤原朝臣不比等です。

石上朝臣麻呂は舒明天皇一二年（六四〇）の生まれ、霊亀三年（七一七）三月の薨去です。贈従一位。古くからの大氏族・物部連の氏上です。彼の時代に物部連は石上朝臣の氏姓を与えられたと考えられています。

藤原朝臣不比等は、藤原朝臣の氏姓を賜った中臣連鎌足の次男です。斉明天皇五年（六五九）の生まれ、養老四年（七二〇）八月の薨去です。贈太政大臣正一位。日本古代国家と藤原氏の基礎を築き上げた巨人中の巨人です。

いかに正二位であれ、左右大臣であれ、人臣です。『日本書紀』の区別に従えば「命」でなければなりません。なぜ「尊」と書かれたのでしょうか。

「尊」は最新の「みこと」表現

三つの糸口がありそうです。

第一は金石文の用例調査です。

しかし「尊」は釈迦尊像二例（癸未年銘法隆寺金堂釈迦尊像光背銘、粟原寺三重塔伏鉢銘）と尊胤という熟語（那須国造碑）にしか見られず、探索の道を照らす灯にはなりません。

一方の「命」は、時代は下がりますが『日本書紀』の区別に従った例が天平宝字六年（七六二）銘の石川年足墓誌に「武内宿禰命の子、宗我石川宿禰命十世孫」とありました。他は大命（丁卯年銘法隆寺金堂薬師像光背銘）・一命（那須国造碑）の熟語、命過三例（法隆寺命過幡二例、僧道薬墓誌）、命あり二例（慶雲四年銘威奈大村墓誌二例）でした。

第二は多胡碑（七一一年）と『日本書紀』（七二〇年）との時間差です。

わずか九年の差ですが、その間に区別が明確になった可能性です。多胡碑建立の翌年七一二年作の『古事記』に見える「尊」と「命」の関係が判断材料になりそうです。

『古事記』本文には「尊」用例は一切ありません。全て「命」です。「尊」が見えるのは序文だけですが、最古の写本・真福寺本（一三七一年ないし七二年）は、ここも「命」としています。写本をどう評価するかは難しい問題ですが、**『古事記』筆録の時には「尊」は一般化していなかった**とは言えそうです。「尊」の本格的導入と書き分けの区別は養老律令撰定過程での決定ではないでしょうか。ここが重要です。**多胡碑段階での「尊」使用は非常に稀な選択だった**ということです。

第三は、「尊」の選択が稀な選択だったとすれば、**草書体「〓」の選択と一対**で考えられるということです。麻呂や不比等を「神に準じた人臣」と捉え、「命」という山上碑以来なじんできた表現ではなく、新しい表現「尊」を意識的に使用したのではないでしょうか。

神の命令を強調した五・六行目

五・六行目は、「（知）**太政官**（事）**は**（親王・内親王位階）**二品の穂積親王**（様）、左太（大）**臣は正二位の石上尊**（様）、**右太臣は正二位の藤原尊**（様）」とさらっと読み下せますが、造字してまで「⿰礻恵⿰礻責親王」と刻み、草書体を採用して「**〓**」と記し、「みこと」の最新表現「尊」を導入してまで、「**人の姿をもって現れている神**」や「**神に準じた人臣**」**による命令を弁えての郡の設置であることを強調**したものと見られます。

なぜ左中弁多治比真人の名が中央に書かれるのか

それほどの重みを持った撰文において、なぜ、穂積親王らの前に「宣左中弁正五位下多治比真人」と書いたのでしょうか。序列からすれば最後に書かれてしかるべきです。多胡碑を撰文した人々の立場に立てば、神の前に書かなければならない理由があったはずです。

思い出してください。官符には符発給の事務方責任者の官位姓名が記されます。発給者位署と言います。公卿の指示を受けて、天皇の命（みことのり）ないし国家意思を伝達する責任を負うことの宣言です。

多胡郡設置に際して、その任にあった者が「左中弁正五位下多治比真人」だったと見られます。左大弁巨勢朝臣麻呂は陸奥の地に居たからです。そのことを「宣るは左中弁正五位下多治比真人」と記したと言えますが、「多治比真人」とのみ書かれているその人物は、長い研究史の中で三宅麻呂という人物と特定されています。詳細を確認されたい方は、拙著『日本語誕生の時代』をご覧ください。

しかし、単に署名をしただけでは、神の前に書かれる理由がありません。それ以上の深い関わりがあったのではないでしょうか。

数奇な運命をたどった多治比真人三宅麻呂

三宅麻呂という人物は律令国家が確立される過程で重要な役割を担った人物でしたが、最後は伊豆嶋に流されるという、実に波乱万丈、数奇な運命をたどった人物です。

三宅麻呂が史上に姿を現わすのは大宝三年（七〇三）正月です。大宝令を全国に普及させていくなかで「政績（せいせき）を巡省（じゅんせい）して冤枉（えんおう）を申理する」ため東山道に派遣されました。七道に一人ずつ派遣された、律令国家日本の将来を託された若きエリートたちの一人です。東海道には不比等の次男・房前（ふささき）が派遣されています。

翌年、慶雲元年（七〇四）従五位下に叙され、貴族としての扱いを受けることになります。前年、七道に派遣された人々の中では一番早い出世です。三宅麻呂への評価、期待が高かったことがうかがわれます。

慶雲四年（七〇七）には犬上王、采女朝臣枚夫らと文武天皇大葬の御装司に任じられます。

翌年（七〇八）正月、東山道は武蔵国秩父郡より和銅が献上されたことを瑞祥として「和銅」と改元されます。二月、和同開珎を鋳造するための催鋳銭司が置かれ、三宅麻呂はその長官となりました。一連の過程の中心人物の一人だったと見られます。

二年には文武天皇大葬の御装司の任を共にした采女朝臣枚夫らと造雑物法用司に任じられます。造雑物法用司は後に板屋司と名前を変えられますが、実態はよく分かっていません。憶測を逞しくすれば翌三年の平城遷都の準備でしょうか。

次に現われるのが和銅四年三月の多胡碑です。碑文から、この時までには左中弁、正五位下となっていたことが知られます。四月には正五位上に叙されます。多胡郡建郡も叙位に関わっていたと見るのが妥当でしょう。

六年には従四位下に叙され中級貴族と遇されることになります。

霊亀元年（七一五）に従四位上に叙され左大弁となります。おそろしいほどの急ピッチの栄進です。

養老元年（七一七）三月には多胡碑に「石上尊」と刻まれた石上朝臣麻呂の薨去に際し式部卿正三位長屋王と共に弔賻、天皇の名代としての弔問に立ちました。

養老三年（七一九）には正四位下に叙され、河内国摂官という河内守の上に立つ特別執政官の任に着きます。律令には規定されていない令外の官の一つです。摂官が置かれたのは河内、摂津、山背だけでした。ちなみに山背国摂官は大伴宿禰旅人でした。

五年（七二一）には正四位上に叙され、公卿（上級貴族）入り直前まで昇りつめました。

しかし六年（七二二）、謀反（天皇の殺害・廃位の企て）を誣告（虚偽の告発）したとして斬刑を下されます。皇太子の奏により死一等を降し伊豆嶋に流されました。三宅島の名は彼に基づくと伝わっています。

三宅麻呂と多胡郡の深い関係

このような波乱万丈の人生を送った三宅麻呂ですが、多胡碑を読む視点から見た場合、大きく三つの要点が浮上します。

第一に、**左弁官の任にある期間が非常に長い**ことがあげられます。

和銅四年に左中弁にあったことは多胡碑碑文で分かりますが、『続日本紀』の記載と重ね合わせると、官人としての登場から流刑になるまでの一九年間（七〇三～七二二）のうち少なくとも八年以上（七一一～七一九）を左中弁・左大弁として過ごしています。

しかも左大弁の巨勢朝臣麻呂は和銅二年（七〇九）から和銅六年（七一三）まで陸奥鎮東将軍として対蝦夷戦の現場に関わっていましたから、左弁官の業務はほぼ三宅麻呂に任され続けていたと見てよいでしょう。全ての役所の上に立つ太政官の事務局を完全に任されていたということです。その存在感は大きかったと思われます。

第二に、**上野国を含む東山道の事情に精通していた**ことがあげられます。

最初の任命が大宝三年（七〇三）の東山道派遣でした。「政績を巡省して冤枉を申理する」ことが任務でした。

恒常的に派遣された広域地方行政監察官「巡察使」と捉えがちですが、前後の巡察使の記載には派遣された者の名はなく畿内・七道諸国に遣わしたとあるのみです。この派遣は巡察使ではありません。国政の根本問題に直結する地域課題発見のための特別な派遣と見られます。三宅麻呂はじめ派遣された若きエリートたちが間もなく貴族とされ、出世街道を驀進していったことも、この派遣・人選が特別なものであったことを示唆しています。

三宅麻呂東山道派遣の最大の成果の一つは、和銅発見・献上による改元（七〇八年）と和同開珎の発行、それに続く多胡郡設置（七一一年）であったと見られます。

第三に、**国家の大事に関わる物の製作・管理に関与した**ことがあげられます。

文武天皇大葬における御装司（七〇七年）、和同開珎鋳造のための催鋳銭司（七〇八年）、造雑物法用司（七〇九年）の歴任です。

多治比真人三宅麻呂が碑の中央に書かれた理由

三宅麻呂のこうした経歴は、太政官符発給に際しての職務として署名しただけでなく、**多胡郡設置を推進し発議した国家側の中心的存在であった可能性**をもたらします。

先に、国家の大事である国郡廃置は、通常、国司の上奏（解（げ））から始まると書きましたが、多胡碑に当時の上野国司（国守）、従五位下平群朝臣（へぐりのあそみ）安麻呂の名は見えません。また、安麻呂が多胡郡設置によって特に遇された形跡も見られません。

多胡郡設置は、国守の頭越しで進められた超一級の国策だったことを示唆しています。

そうした中で、多胡郡の人々が、太政官を構成する「人の姿をもって現れている神」や「神に準じた人臣」の前に「宣るは左中弁正五位下多治比真人」と記したのは、多胡郡設置は三宅麻呂によって進められたと感じていたからではないでしょうか。

一方で、三宅麻呂の流刑が養老六年（七二二）であることは、多胡碑の設置がそれ以前であることを示しています。

羊太夫伝承を読み解く

三宅麻呂の多胡郡設置に関する深い関わり、華々しい活躍とスピード出世、絶頂の極みからの転落・流刑という人生は、ある伝承を思い出させます。

先にも触れた、多胡碑を中心に群馬県西南部と埼玉県西北部に広がる「羊太夫（ひつじだゆう）」伝承です。

羊太夫伝承とは

確認できる最も古い伝承は一四世紀後半に成立した説話集『神道集』の中に見えます。

> **此の羊の太夫と申すは、今の時**（午（うま）＝一二時）**に上野国多胡荘を立て都へ上（のぼり）けるが、未（み）の時**（一四時）**御物沙汰（おんものざた）に合（あひ（い））て申（さる）の時**（一六時）**に国**（上野国）**へ下（くだり）ける。**

群馬・京都間二時間、リニア新幹線並みで走る多胡郡在住の足早の者の伝承でした。

伝承は江戸時代に大きく膨らみ、たくさんの本が作られます。概要は次の通りです。

> 子宝に恵まれなかった夫婦の間に仏の導きで男児が生まれた。持統天皇九年（六九五）未歳未日未刻（みのとしみのひみのこく）に生まれたので羊太夫と名づけられ成長していった。
> 八束小脛（やつかこはぎ）という天狗の如き童子が現れて羊太夫に仕え、二人は奈良の都、元明天皇のもとに日参してい

た。そこで帝は和銅四年三月に多胡郡を立てて羊太夫に賜り、多胡碑が建てられた。日々朝参していたが、八束小脛が寝ている間に両脇の羽根が切られてしまったため日参できなくなった。

足早の者・羊太夫の原像が八束小脛に受け渡されていますが、話は次のように続きます。

奈良の都への日参が止まったため謀叛の企てありと讒言されて官軍を派遣された。

羊太夫とその臣下は多様な技術力・特殊な力を駆使して戦ったが、多勢に無勢、国家に裏切られて羊太夫一族郎党は滅び去った。奥方と女中たちは七つの輿に入れられて小高い山に葬られたので七輿山（古墳）と呼ばれる。

さらに、七輿山古墳隣接の宗永寺（藤岡市上落合）に伝わる話では、「羊太夫は、ここから秩父山中に逃れ、夫人や家臣の菩提のためと、十六の地（埼玉県秩父郡小鹿野町般若地区）で十六人の僧の助けを得て『大般若経』を写経、寺を立てて納めたのち、仙と化し去った」と加わります。伝承は秩父へと広がり和銅発見との繋がりを示唆しています。小鹿野町には「羊太夫屋敷跡」や「羊太夫墓」が存在し信仰を集めているほどです。

重なり合う三宅麻呂の生涯と羊太夫伝承

羊太夫伝承が今日の形にまとまる時代は、戦国の戦火と苦難から抜け出し、江戸という新しい時代が定着していくときでした。そのときにおいて、地域に暮らす人々は、自らが拠って立つ歴史の解釈、地域再生の神話を求めていました。

三宅麻呂の事跡や生涯、国家に裏切られての遠島という結末は、羊太夫伝承とあまりにも類似しています。現に、本によって異同がありますが、羊太夫一族の滅亡は養老四年（七二〇）前後とされています。奇しくも三宅麻呂の後ろ盾だった藤原不比等の薨去(七二〇年)、元明天皇の崩御(七二一年)、三宅麻呂の流刑(七二二)と重なり合います。

「動物としての羊」の存在と三宅麻呂の記憶が共に薄れてゆくなかで、「羊」と三宅麻呂とを神話的人格として重ね合わせ、地域再生神話としたのではないでしょうか。

地域の人々が多胡碑を羊太夫の墓標として祀り続けたことも、三宅麻呂の生涯を思うと得心がいきます。羊太夫伝承の寓意を解き明かすことも多胡碑解読の課題と言えそうです。

多胡碑の価値を確認しましょう

このような多胡碑は、どの点で「世界の記憶」にふさわしい記念物なのでしょうか。文章として読む中でも触れてきたことですが、再度、整理しておきましょう。

日本独自の元号を初めて刻んだ石碑

第一に、多胡碑は「日本独自の元号を初めて刻んだ石碑」です。

日本独自の元号記載は墓誌から始まりましたが、石碑であることの意味を再確認しましょう。

元号とは…

元号は中国王朝で創りだされました。

最初の元号は前漢・武帝の、その名も「建元」でした。紀元前一四〇年のことです。元号は、天から全世界の統治を委任された唯一無二の存在である中華皇帝は空間だけでなく時間の統治も託されたという考えから生まれたものです。したがって、中華王朝につらなる諸国は中華王朝の定める元号を使わざるをえませんでした。「正朔を奉ずる」と言います。新年朝賀の席で中華皇帝から元号の付された暦を授かります。中華王朝に接していた新羅・高麗・朝鮮、ベトナムの諸王朝は中華王朝の元号を使用し続けました。

独自元号が国際的に承認された国「日本」

対して日本は、長安三年（七〇三、唐、正確には周の元号）「日本」という国号と共に独自元号の使用も認められました。『新唐書』日本伝は次のように記しています。

長安元年（七〇一）、その王文武立ち改元して太宝と曰ふ。朝臣真人粟田を遣して方物を貢がしむ。…文武死して子の阿用立つ。死して子の聖武立ち、改元して白亀と曰ふ。

天皇系譜や元号名には誤りがありますが、唐王朝が日本独自の改元つまり元号制定を認めたことが重要です。正朔（中国元号）を奉ずる必要のない国と認めたことになります。国際的に承認された最初の元号が大宝でした。大宝元年は西暦七〇一年に当ります。

それ以前に、大化・白雉・朱鳥の元号が使われたと『日本書紀』は記していますが、金石文、木簡などに確認できないことは先に示したとおりです。（表13参照）

上野三碑は独自元号定着過程の生き証人

改めて強調しますが、石碑の特徴は公開の場で不特定多数に読み継がれることにあります。したがって石碑には嘘は書けません。相手が納得して読めることが前提となります。

ここに、多胡碑に元号が刻まれた最大の意義があります。金井沢碑がそれを継承します。多胡碑・金井沢碑が建てられなかったら、多胡碑・金井沢碑が守り伝えられなかったら、日本における元号の創始と定着を確認する作業は遅れていたことでしょう。

逆に山上碑（六八一年）が干支で〝とき〟を刻んでいることは、多胡碑に至る期間に日本の独自元号は官・民の共有となり、国際的にも承認されたことを証明しています。

上野三碑は日本における独自元号定着を語る最も確実な証人だということです。

元号成立のタイムトンネル「石碑（いしぶみ）の路（みち）」を歩いてみませんか

そのことを実感させてくれる道があります。山上碑から金井沢碑に至る山道です。地域の実業家・信澤克己（のぶさわかつみ）さんによって東歌（あずまうた）を中心とした万葉歌碑が建てられ「石碑（いしぶみ）の路（みち）」と名づけられています。日本という国家が生まれ、独自の元号制度が成立したタイムトンネルです。ぜひ足を運んで体感してください。

私が奉職している高崎商科大学では、信澤さんの遺志を引き継いで、歌碑の増設、パンフレットの作成、ＤＸ技術を活用した英訳案内などを行っています。

法による統治と受容を民の側から刻んだ石碑

第二に、多胡碑は「法による統治とその受容を民の側から刻んだ」石碑です。

律令に基づいて設置された多胡郡

法に基づく統治、法治も歴史のなかで築かれたものです。列島社会が「国家」として確立されて初めて本格的な法治も始まりました。

近・現代社会での国際的な合意ですが、実は国家には要件があります。一九三三年ウルグアイのモンテビデオで締結された「モンテビデオ条約（正式名称「国家の権利及び義務に関する条約」）」が第一条で国家の要件を定めています。(1)永続的住民・(2)明確な領域・(3)政府・(4)他国と関係を持つ能力の四つです。(1)は国民、(2)は国土（領土・領海・領空）、(4)は独立主権（自主的な外交能力）と言い換えられます。西欧近代における国民国家形成の歴史と現状を踏まえてまとめられた要件ですが、古代あるいは初めての国家形成においても当てはまるものと思われます。

ただ、よく考えてみると、四つの要件には前提となる暗黙の了解があります。「国民」としての意識の共有です。統治者（支配層）ばかりか被統治者（被支配層）も、その国の民であると自覚し、暮らしあう領域を国土と認識し、政府とその外交を認める意識です。

「日本」という国号と「大宝」という元号が国際的にも承認され、整った法体系「大宝律令」による法治が確立されたときを「日本」という国家の誕生日と考えるのが合理的です。国内的には大宝元年（七〇一）、国際的には唐の長安三年（七〇三）と見てよいでしょう。金石文や木簡に元号が記されるのが大宝以降であることは何とも示唆的です。

国号・元号・律令はセットで法治国家「日本」の成立を示しています。（関心を持たれた方は拙著『「日本」誕生　東国から見る建国のかたち』（現代書館）をお読みください）

その律令の手続き、書式に基づいて多胡郡設置が進められたことは見てきたとおりです。多胡郡は法の統治に基づいて設置されました。そこに一つの要点があります。

多胡碑は「石の高札」ではなく「成郡記念碑」

しかし、それ以上に重要な価値は、多胡碑が、統治者の立場からではなく、多胡郡を成した被統治者の立場から書かれていることです。

思い出してください。多胡碑は、太政官符（律令に基づく命令）を弁(わきま)えた（理解し受け止めた）三百戸の民が多胡郡という郡を成した記念碑でした。

『続日本紀』の表現とは明らかに違っていました。統治者の立場からの「石の高札」ではありません。

国家の意思を受け止めて新郡を成した三百戸の民の高らかな宣言です。

多胡碑自身の言葉を使えば「成郡記念碑」と呼ぶのがふさわしいでしょう。

法治は、統治する側と統治される側とが、利害や立場の違いはあっても基盤を共有しあわなければ成り立ちません。法に基づく命令と受容の両面が、受容者側の主体的な表現で書かれていることに多胡碑の真の価値があります。現代に直接つながる価値です。

多胡碑は国・郡設置唯一の記念碑

実は、奈良に郡が置かれた時代、多くの国や郡が設置されましたが、「成郡記念碑」は多胡碑だけです。国の設置に関する碑は一つもありません。しかも多胡郡は新たに設置された郡の中でも最古の一つでした。なぜ多胡碑だけが建てられたのでしょうか。太政官符を弁えた三百戸の民が自ら郡を成したからだけでしょうか。逆に、なぜ他の記念碑はないのでしょうか。

多胡郡設置の意義を国・郡設置の流れの中で見直すことで理由の一端を探しましょう。

小中華の国「日本」が凝縮された多胡郡

国・郡設置の流れの中での多胡郡の位置と特徴

表14・図4をご覧ください。国・郡設置の流れは次のように整理できます。

(1)国・郡新設は和銅・霊亀・養老年間（七〇八~七二四）に集中し、神亀・天平・天平勝宝年間（七二四~七五七）には後退します。天平宝字元年（七五七）の養老令施行で再度推進されますが、一時的な動きに止まりました。

(2)和銅~養老年間の国の新設は九国（出羽・丹後・美作・大隅・能登・安房・石城・石背・諏方）と和泉国の前身・和泉監でしたが、五国（石城・石背・能登・安房・諏方）と和泉監は神亀・天平年間に廃止されました。天平宝字元年に能登・安房・和泉は復活しますが、石城・石背・諏方は二度と再び設置されませんでした。

(3)郡の新設では、服属すべき賊地＝「夷狄」地とみなした陸奥・出羽・大隅での新設と、渡来系住民を移住させての新設（美濃国席田郡、武蔵国高麗郡・新羅郡）が目立ちます。

表14 国・郡設置の流れ

和銅元年	708	9月	越後国の求めに応じ新たに出羽郡を建てる。
2年	709	10月	備後国芦田郡甲努村は郡家が遠いので、品遅郡三里を割いて芦田郡に付け甲努村に郡を建てる。
3年	710	4月	陸奥蝦夷の求めに応じ君の姓を与え編戸の民とする。
4年	711	3月	上野国甘良郡織裳・韓級・矢田・大家、緑野郡武美、片岡郡山等六郷を割いて多胡郡を置く。
5年	712	9月	太政官議奏。征討が順調で安定しているので狄部に始めて出羽国を置く。
		10月	陸奥国最上・置賜二郡を割いて出羽国に隷ける。
6年	713	4月	丹波国加佐・與佐・丹波・竹野・熊野五郡を割いて始めて丹後国を置く。備前国英多・勝田・苫田・久米・大庭・真嶋六郡を割い始めて美作国を置く。
		12月	日向国肝坏・贈於・大隅・姶覊を割いて始めて大隅国を置く。
			陸奥国に新たに丹取郡を建てる。
7年	714	2月	隼人（が憲法に習熟していないので）…豊前国民二百戸を移して相勧導せしむ。
		8月	尾張・上野・信濃・越後等の国民二百戸を出羽柵に配す。
霊亀元年	715	5月	相模・上総・常陸・上野・武蔵・下野六国の富民千戸を陸奥に配す。尾張国人外従八位上席田君迩近と新羅人七十四家を美濃国に貫き始めて席田郡を建てる。
		7月	陸奥蝦夷邑志別君宇蘇弥奈らの求めに応じ香河村に郡家を建て、編戸の民とする。
		10月	蝦夷須賀君古麻呂らの求めに応じ閇村に郡家を建て百姓と同じとする。
2年	716	3月	大島・和泉・日根三郡を割いて始めて和泉監を置く。
		5月	駿河・甲斐・相模・上総・下総・常陸・下野七国の高麗人一七九九人を武蔵国に遷して始めて高麗郡を置く。
養老元年	717	2月	信濃・上野・越前・越後四国百姓百戸を出羽柵に配す（前年9月巨勢朝臣萬呂奏上の実施）。
2年	718	5月	越前国羽咋・能登・鳳至・珠洲の四郡を割いて始めて能登国を置く。上総国平群・安房・朝夷・長狭の四郡を割いて始めて安房国を置く。
			陸奥国岩城・標葉・行方・宇太・亘理、常陸国菊多の六郡を割いて石城国を置く。白河・石背・會津・安積・信夫の五郡を割いて石背国を置く。
3年	719	4月	志摩国塔志郡の五郷を分けて始めて佐藝郡を置く。
		6月	東海・東山・北陸三道の民二百戸を出羽柵に配す。
4年	720	11月	河内国堅下・堅上二郡を更ためて大縣郡と号す。
5年	721	4月	佐渡国雑太郡を分けて始めて賀母・羽茂二郡を置く。備前国邑久、赤坂二郡のうちの郷を分けて始めて藤原郡を置く。備後国安那郡を分けて深津郡を置く。
		6月	周防国熊毛郡を分けて玖珂郡を置く。
		10月	信濃国を割いて始めて諏方国を置く。
			陸奥国柴田郡二郷を分けて苅田郡を置く。
6年	722	2月	遠江国佐益郡の八郷を割いて始めて山名郡を置く。
天平宝字元年（757）までの35年間、国・郡設置はほぼなく、国の再併合が記される。 天平3年（731）諏方国を廃し信濃国に并す。天平12年（740）和泉監を河内国に并す。天平13年（741）安房国を上総国に、能登国を越中国に并す。			
天平宝字元年	757	5月	能登、安房、和泉等の国を旧に依り分立。
2年	758	8月	帰化の新羅僧卅二人、尼二人、男十九人、女廿一人を武蔵国の閑地に移し、始めて新羅郡を置く。
天平神護2年	766	5月	備後国藤野郷は貧寒の地なので邑久郡香登郷、赤坂郡珂磨・佐伯二郷、上道郡物理・肩背・沙石三郷を隷け、美作国勝田郡塩田村は郡治に遠いので、近い備後国藤野郡に隷ける。（延暦7年にまた組替あり）

図４　国・郡設置の流れと配置・特色

多胡郡は渡来系住民を中心とした郡新設例の一つとみられますが、既住地での新設です。渡来系住民を移住させての新設である席田郡などとは事情を異にしていました。

ここに多胡郡の特徴と多胡碑が建てられた一つの理由がありそうです。

(4)渡来系住民を移住させての郡新設は霊亀元年（七一五）に始まりますが、「夷狄」地に対しても、前年の和銅七年（七一四）二月、隼人（はやと）の地であった大隅に豊前（ぶぜん）国民二百戸を移し、八月、蝦夷（えみし）の地との最前線である出羽柵戸（きのへ）に尾張（おわり）・上野・信濃・越後（えちご）らの国民二百戸を配したことを始めとして、陸奥・出羽に東海・東山・北陸各道の民を大量入植させる動きが起こってきます。

和銅七年から養老三年までの五年間で陸奥・出羽に移された民は一五〇〇〇戸（三〇里・三万七五〇〇人）にも上りました。全人口の一パーセント近い数値です。現代に置き換えれば、百万人前後の人々が僅か五年の間に新開地に移住させられたことになります。

⑸逆に上野国などには「夷狄」とみなした人々を移住させての「俘囚郷（ふしゅう）」「夷俘郷（いふ）」が置かれるようになります。俘囚郷が置かれたのは上野国の碓氷（うすい）・多胡・緑野の三郷と周防（すおう）国の吉敷（よしき）郡、夷俘郷が置かれたのは播磨国の賀古（かこ）・賀茂（かも）・美嚢（みのう）の三郷です。郷としては多い数ではありません（碓氷は正しくは「うすひ」）。「夷狄」とみなされた人々は全国各地に強制的に移住させられましたが、郷をなすほどの集団移住は、それほど多くはなかったということです。その中に多胡郡と緑野郡があることは注目させられます。碓氷郡も甘良・片岡両郡に接しています。

総じて、**和銅～養老年間に集中した国・郡新設は、「夷狄」地の内国化と住民の入れ替え、渡来系住民の居留に対する令制支配の徹底、日本国民化に重点があった**と見られます。

小中華の国「日本」が凝縮された多胡郡

なぜ、そのような移住政策や新郡設置がなされたのでしょうか。それは、律令政府の国家目標が「**諸蕃と夷狄の上に立つ小中華の国・日本**」にあったからです。

大唐帝国を隣国とし、統一新羅・渤海、さらには遡って新羅・百済・高句麗・加羅諸国を日本に臣属すべき蕃国（ばんこく）、蝦夷・隼人や国家間関係を前提としない居留外国人を服属すべき民＝夷狄とみなす国家像です。

その姿を現実の国土の上に見える形で表そうとする営みが和銅～養老年間に集中した国・郡新設政策でした。「公民」を「夷狄」地に、「夷狄」を「内地」に移住させ、並行して渡来系集団を日本の「公民」として再編成することが国策でした。

そう考えれば、渡来系住民のための最初の新郡設置の可能性が高い多胡郡設置を記念する碑に政府中枢の名が刻まれたこともうなずけます。多胡郡新設には強い国家意思が横たわっていたからです。

多胡郡と渡来系の民

ここまで私は、多胡郡を「渡来系住民のための最初の新郡設置の可能性が高い」と記してきました。多くの人々が、そのように考えています。次の三点が理由です。

(1)多胡の「胡」は漢民族にとっての異民族の呼称に由来し、日本列島の西から渡来した人々が多く住むことから多胡郡と名づけられた。

(2)多胡郡の故地・甘良（かんら）郡と多胡郡の一郷・韓級（からしな）郷の名は韓（加羅（から））につながる。

(3)上野国分寺跡などから「多胡郡の郷名＋子＋名」と記された瓦が出ているが、その「子」は『続日本紀』天平神護（てんぴょうじんご）二年条に見える「上野国に在る新羅人子午足ら」とつながる。

(1)については、一歩踏み込んで、牧羊・氈生産をはじめとする胡族の文化につらなる先端技術拠点を目指して「多胡郡」と命名された可能性を示してきました。

(2)の「甘良」「韓級」が加羅、広く朝鮮半島諸地域とつながることは確かです。

そこで、ここでは、(3)に焦点を絞って、多胡郡の性格を深掘りしていきましょう。

多胡郡にあまねく分布していた「子」という新羅系氏族

多胡郡に関わる文字瓦の大半は上野国分寺の瓦です。多胡郡で焼かれた、あるいは多胡郡の人々が上野国分寺瓦の製作に深く関わったためと見られています。列挙しましょう。

多胡郡織裳郷	上野国分寺跡（高崎市東国分町）
織（裳郷）山（部）**長□**	上野国分寺跡
辛科（郷）**子浄庭**	上野国分寺跡
辛（科郷）子三	塔の峯（高崎市吉井町黒熊）他
八田（郷）**家成**	上野国分寺跡
八（田郷）**阿子麿**	上野国分寺跡
大家（郷）	上野国分寺・国分尼寺中間地点
武美（郷）**子**	上野国分寺跡他
武（美郷）**子鼠**	矢田遺跡（高崎市吉井町矢田）
山字（郷）**子文麿**	上野国分寺跡
山（字郷）**物ア**（部）乙万呂	上野国分寺跡他

六郷全ての郷名（ないし省略形）が見られますが、それ以上に「子」という文字が目立ちます。しかも、ほとんどが郷名＋子＋名という形です「〇〇郷の子△△」と読めますから、「子」という氏族が多胡郡一帯に暮らしていたことが確認されます。

一方で、『続日本紀』天平神護二年（七六六）五月壬戌（八日）条に「上野国に在る新羅人子午足ら一百九十三人に姓を吉井連と賜う」とあります。『続日本紀』の記載には多胡郡とは書かれていませんが、「吉井」と書かれた文字瓦が多胡郡ゆかりの瓦と共に上野国分寺跡で見つかっています。吉井町石神(いしがみ)からは「□井連里」と書かれた文字瓦が出土し多胡碑記念館に所蔵されています。**吉井連と賜姓された「子」という新羅系渡来氏族の居住地が多胡郡を中心としていたことは間違いありません。**

「新羅人」とあるので音で「し」と読みたいと思いますが、「子」は非常に特異な氏名(うじな)です。

吉井連賜姓の特色

吉井連賜姓には二つの特筆すべきことがあります。

第一は「一百九十三人」という数の多さです。『続日本紀』の「賜姓」例は二五〇ほど見つかりますが、二〇人未満が九割ほどです。他の百人以上は、管見の範囲では、天平宝字三年（七五九）条の「山田史広名・忌部首虫麻呂・壱岐史山守ら四百三人に姓造(かばねみやつこ)を賜う」と神護景雲二年（七六八）の「讃岐国寒川郡韓鉄師百二十七人に姓坂本臣を賜う」だけでした。しかも天平宝字三年条は、氏名(うじな)を異にする複数の氏族の姓(かばね)を「造(みやつこ)」とするという記載ですから、百九十三人もが揃って新たな氏名(うじな)「吉井」と姓(かばね)「連(むらじ)」を与えられた吉井連賜姓は際立っています。

第二に吉井連賜姓と前後して上野国在住者への賜姓が集中しています。天平宝字八年（七六四）九月の藤原仲麻呂(ふじわらのなかまろ)の乱以降急増する傾向がありますから、仲麻呂の乱の上野国内への影響を抑え込むための称徳(しょうとく)政権の政策でしょう。それにしても子午足らへの賜姓の多さは際立っています。

多胡郡と多胡郡の子午足らの新羅人の存在は大きかったということです。

吉井は「よしゐ（い）」

ところで、吉井を「よしゐ（い）」と読んで良いのでしょうか。

多胡郡の大半は現在の高崎市吉井町なのだから何をいまさらと思われるかもしれませんが、吉田と書いて「きちだ」と読む氏族がいます（『新撰姓氏録』左京皇別下）。『続日本紀』には多胡吉師、『日本書紀』には多呉吉師という氏族が登場しています。ともに実像はよく分かりませんが、多胡（多呉）の氏名を持ち、吉を「き」と読んだ吉師という姓を持っています。吉師が渡来系氏族に多い姓であることも気になります。こうした事例があるだけに、「吉井」を「よしゐ（い）」と読んで良いのか。一抹の疑問があります。

幸いにも『続日本紀』宝亀八年（七七七）四月甲申（三日）条に吉井連と氏名が同じ吉井宿禰という氏族が登場します。同時に賜姓された人々が訓読みで「さかえゐ（い）」「とりゐ（い）」と読まれているので、「よしゐ（い）」で間違いありません。

従五位下日置造蓑麻呂ら八人に姓、**栄井宿禰**を賜ふ。従六位上日置造雄三成ら四人には**鳥井宿禰**、正八位下日置造飯麻呂ら二人には**吉井宿禰**。

『新撰姓氏録』に日置造は高麗（高句麗）の伊利須意弥（使主）の後とあります。『日本書紀』に伊梨珂須弥と記される高句麗の権臣・泉（淵）蓋蘇文につながる氏族伝承です。「珂須禰」は「蓋蘇文」の音訳ですが、「伊利（梨）」は泉または淵の高句麗語でしょう。日置造が等しく「井」の字を氏の名に持つのは伊利＝泉（淵）に根拠を持つと見られます。

子午足らが集まり住んでいた所にも良き井戸があったのでしょうか。その点で、温泉や塩分を含んだ泉を推定させる「塩」の地名が、韓級郷推定地等に見られることは興味をそそります。

多胡郡新設をめぐる国家の意思と民の意思

「良き井戸」の存在はともかく、翻って考えてみると、多胡郡に新羅系を中心とする渡来系住民があまたいたことは確かですが、その地にあった三百戸の民が国家意思を弁えて自ら郡を成したと宣言しているように、渡来系住民を移住させての郡設置とは一線を画すように思われます。現に、先に挙げた上野国分寺瓦には多様な氏名を持つ人々が見られます。

そもそも当時の東アジア世界を考えれば、先進的な文化や技術の担い手は中国大陸や朝鮮半島の人々でした。古代貴族は「諸蕃と夷狄の上に立つ小中華の国・日本」意識のもとで先進的な文化・技術の担い手を「日本の王化を慕ってきた人々」と捉えようとしました。それが「帰化」という言葉です。

恩師・上田正昭先生が「帰化人」という言葉の安易な使用を戒めて、『古事記』などの古典の言葉である「渡来」を定着させたのは、そうした背景を踏まえてのことでした。「帰化」を「渡来」に置き換えれば済む話ではありません。古代日本国家の国家意思を捉えての用語選択でなければならないことを改めて意識したいものです。

多胡郡の人々は、「帰化」を求める国家意思を受け止めながらも、自ら持つ文化や技術を主張し、その価値を認めさせ、日本を創る人々になっていったと言ってよいでしょう。

その何よりの証が「国家意思を弁えて郡を成したと書き、新技術としての牧羊も託されたと書いた」多胡碑そのものではないでしょうか。

自立と共生…最先端産業地帯・多胡六郷のおもむき

そこで次に、多胡郡のおもむきの中に多胡碑の心を探しにゆきましょう。

織裳郷：礼服「裳」製作工房か

織裳郷は、吉井町の最西部、甘楽郡甘楽町と接する地域と見られます。

郷名に「織」を含む郷は、錦織（及び錦織部→錦部）、服織（及び服織部→服部）など、全国各地に散見されますが（河内国には錦部郡もあったことは先述）、織裳郷はここにしか見られません。かなり特殊な織に繋がる可能性があります。鍵は「裳」にあります。

「裳」と言うと、チマやスカート、下着と思いがちですが、本来は、皇太子、親王・内親王、諸王、五位以上の貴族が、国家の大事な儀礼の際にのみ着用する**礼服の一部**です。男女ともに用いました。律令の規定では「褶」という文言で表現されています。『日本国語大辞典』は「裳」を「男子の礼服の時、表袴の上につけるもの。…宮廷奉仕の婦人、またそれに相当する貴族の婦人の正装の時、表着や袿の上に腰部より下の方だけまとう服」と説明しています。

「織裳」の名が他国に見えないことを考えると、織裳郷は、特殊な織物である礼服「裳」の製作工房だったのではないでしょうか。

韓級郷：祭祀の中心地にして韓由来の高級な何かを製作か

韓級郷は、『和名類聚抄』では「辛科」と記されています。多胡郡総鎮守・辛科神社が鎮座している旧多野郡多胡村（高崎市吉井町西南部）辺りと見られます。神保古墳群や多胡古墳群などの群集墳、多胡碑と同じ石材（多胡石、牛伏砂岩・天引石とも）を石室に用いた終末期の横穴式の円墳（多胡薬師塚古墳）などが残されています。

多胡郡を考えるとき、多胡碑が建てられ郡家（郡役所）の存在が推測される大家郷を中心地と考える見方が強いようですが、神祭りの中心の場である韓級郷についてもっと注目すべきでしょう。

韓級郷という郷名も他国には見られません。もと甘良郡に属していたことを考えれば「韓」の文字を負うことはもっともでしょうが、群馬県立女子大学奉職時にご指導いただいた万葉学者、畏友・北川和秀先生に薦められた『古典基礎語辞典』によれば、「（地名に含まれる）シナは、その物や性質の良さによって他と区別される地域の意」という意味があるとのこと。織裳郷の例に照らせば、韓由来の高級な何かを専従的に製作していた可能性もあります。

矢田郷：羊毛生産の場か

矢田郷は「八田」とも記されます。矢田郷・八田郷は他国にも見られますが、多胡郡矢田郷は吉井町矢田を遺称地としています。注目すべきは、上信越自動車道造成工事のために調査された「矢田遺跡」から実に多くの紡錘車が発見されたことです。多胡郡全域から多くの紡錘車が発見されていますが、矢田遺跡の出土量には圧倒されます。

紡　錘　車

○多胡郡（吉井地方）は紡錘車の出土数が極めて多い。
○古代における織布などの量産があったと思われる。織裳郷などの地名はその一端を示す。

紡錘車（ぼうすいしゃ）の使い方

麻（麻糸）

この間で紡錘車の回転力により糸が密着しながら、縒りがかかる。

この部分が鈎状になり一旦とどめて、からみを調節する。

紡錘車

回転

紡錘車で羊毛を紡ぐチベットの婦人

刻字紡錘車・下家轉

吉井町出土紡錘車

紡錘車の解説（多胡碑記念館常設展示図録より）

紡錘車は、麻や羊毛のような短い繊維をつないで撚りをかけ、糸にして巻き取る道具（または、そのはずみ車）です。糸と言うと生糸を思い浮かべる方が多いでしょうが、生糸は一本で一キロメートルをゆうに超える繊維です。生糸取りに紡錘車は必需品ではありません。膨大な紡錘車の出土は、絹・生糸の生産よりも、羊毛の生産を意識させます。多胡碑記念館も、図録で、紡錘車の使い方としてチベットでの羊毛紡ぎの様子を紹介しています。「羊動物説」と合う出土品と思いますが、私の少数意見に留まっています。

大家（おほ（お）やけ）郷：統括・集荷、舟運・流通の拠点か

大家郷は、多胡碑の建つ吉井町池（いけ）を中心とする地域と見られます。高崎市教育委員会の連年の調査で郡の役所・**郡家（ぐうけ）の正倉**と思われる建物跡が見つかり始めています。

多胡碑は鏑川（かぶらがわ）の南岸に立っていますが、池地区は鏑川を挟む形で南北に伸びています。他の郷との位置関係も考慮すると、旧多野郡入野村（いりのむら）（高崎市吉井町東南部）鏑川北岸の馬庭（まにわ）・木暮（こぐれ）・岩井（いわい）地区なども含んで考えた方が良さそうです。鏑川が大きく蛇行する地点です。間もなく烏川に合流します。やがて烏川は神流川を合流して利根川に流れ込みます。一大合流地点の直前です。この郷の性格を考えるうえで重要と思われます。

大家郷は他国にもあります。特に参考となるのは武蔵国入間郡大家郷のありようです。大家郷は埼玉県川越市弁天南遺跡から「大家」と墨で書かれた土器が出土していることから入間川の右岸、仙波台地と推定されています。弁天西遺跡からは和同開珎や銅製の秤の錘などが発見されています。生産管理、流通・交易の拠点であったことをうかがわせます。政治・行政の中心でもあったでしょう。大家郷の地が、入間川が大きく蛇行し荒川に合流する直前であることは注目されます。多胡郡大家郷と相似た立地です。

今のところ、大家郷が何か特殊な生産に専従していた様子はうかがえません。郡家の立地を考えると、**行政・集荷・舟運の拠点**と推測されます。

武美郷：瓦塔出土の地

武美郷と同名の郷は他国になく、「武美」の意味も不明ですが、旧多野郡入野村内の鏑川南岸一帯と見られます。

推定地域内の黒熊中西遺跡からは平安時代前半の寺院跡と考えられる遺構が発見され鬼瓦や瓦塔が出土しています。瓦塔は五重塔や七重塔を精巧に模した焼物の塔です。奈良時代の末から平安時代の初めにかけて、東日本を中心に盛んに作られました。

旧属の緑野郡は埴輪・瓦生産の一大拠点でした。大古墳を造り続けた地域でもあります。特に東日本最大の後期古墳、七輿山古墳が築かれた地は武美郷に隣接しています。七輿山古墳は羊太夫伝承の主要な舞台の一つともなりました。

やがて緑野郡は、奈良時代の末から東国仏教の中心となっていきますが、緑野郡が『日本書紀』安閑天皇二年条記載の緑野屯倉に根ざすと考えられていることも、武美郷の性格を考える上で重要でしょう。

山部（山字）郷：法隆寺の荘園に

山部（山字）郷は、高崎市山名町を遺称地とし、旧多野郡八幡村（高崎市南八幡地区、山名町・木部町・阿久津町・根小屋町）辺りを指します。正倉院御物の揩布屏風袋に「上野國多胡郡山部郷戸主秦人」と書かれているように、当初は「山部郷（里）」でした。

そのことは、天平十九年（七四七）の法隆寺財産目録『法隆寺伽藍縁起并流記資財帳』に天平十年永年食封とされた四地域の一つに「上野國多胡郡山部郷五十戸」が挙げられていることからも裏付けられます。山部郷五十戸ですから、山部郷全体が法隆寺の食封、いわば荘園とされたということです。

そこから上がる租（税金として納められる米）の半分、庸（労役代わりの布等の納入）・調（諸国産物）の全てと仕丁の労役が法隆寺に直接徴収されます。天平十年は七三八年ですから、多胡郡になってさほどの時を経ずに法隆寺の荘園となったことになります。

法隆寺の建立地が大和国平群郡山部郷であったことを考えると、多胡郡山部郷と法隆寺との関係は、それ以前に遡る可能性が強いと考えてよいかもしれません。

山部郷の大きな特色です。多胡郡の他の郷とはやや性格を異にしています。

ところで、山部郷が山字（山名）郷と名を変えたのは避諱という制度のためです。

中国で始まった制度です。皇帝の実名、諱を人名や地名などに使用することを禁ずる、すでに使われている場合は変更させるという制度です。皇帝は時間・空間だけでなく、ものの名も支配するという考えから出たものです。日本では平安京を造った桓武天皇が初めて導入しました。自らの実名（諱）・山部皇子の「山部」と先帝・光仁天皇の実名・白壁皇子の「白壁（白髪部）」の使用を禁止します。山部郷は「山郷」とされました。『続日本紀』は桓武天皇治世下の政府の歴史書ですから、多胡郡設置を記す『続日本紀』の記載「山等六郷」は「山など六郷」と読むのが良いでしょう。

強制変更の結果、『和名類聚抄』の段階では郡・郷名の山部も白髪部も完全になくなっています。山部は、漢字二字での表記を意識して「夜麻」に変えられた場合が多く、大和国平群郡と越後国古志郡に夜麻郷が見られます。平群郡は法隆寺の建立地でした。古志郡は「おほ（お）や」と読むものの大家郷のある郡です。何とも示唆的です。

多胡郡の山部郷は山郷となったものの、夜麻郷とはなりませんでした。上野国分寺瓦に「山字」と書くように、早くから山字という表現を採ったようです。「字」は名を表すから、「字」と書いて「な」と読み、それが今日の山名の表記に変わっていきました。「山字」とは何とも興味深い表現です。

自立と共生の記念碑・多胡碑

人口密集地帯：甘良郡・緑野郡・片岡郡・多胡郡

以上、子氏ないし吉井連が中心的な氏族として活動した多胡郡が高度、特殊な技術に関わる可能性を見てきましたが、そのことは当時の人口からも裏づけられます。当時から現代に至る全国的な人口変化との対比

表15　人口密集地域・先端技術集積地帯だった
多胡郡・甘良郡・緑野郡の人口推移

地域	奈良時代推定人口	現在人口	伸び（現在／奈良）
多胡郡	7,500人程度（6郷）	30,000人程度	4倍程度
甘良郡	16,000人程度	70,000人程度	4倍強
緑野郡	14,000人程度（11郷）	60,000人程度	4倍強
山部郷	1,250人程度	6,000人程度	5倍弱
上野国	12万人前後（100郷前後）	200万人程度	16倍程度
全国	500～600万人	1億2700万人	20倍以上

で示しておきましょう。一番分かりやすい数値です。

表15にまとめましたが、一郷五十戸、一戸二十五人として、当時の多胡郡の人口は七五〇〇人と見積もれます。現在、その地は高崎市吉井地区・南八幡地区となっており人口三万人程度です。伸び率は四倍程度となります。

多胡郡に割かれた後の甘良郡・緑野郡の当時の人口は、それぞれ一三郷一万六千人、一一郷一万四千人ほどと見積もれます。甘良（楽）郡地域（富岡市・甘楽郡等）の現在人口は七万人強、緑野郡地域（藤岡市）の現在人口は六万人強ですから四倍強の人口増加率です。片岡郡については郡域の確定、現在地との対比が難しいので省略しましたが、山部郷だけで考えると、一二五〇人が六〇〇〇人に増えているので五倍弱の伸びです。

全国の伸びが二〇倍以上、上野国全体では一六倍程度であることを考えると、四～五倍にしか伸びていない、この違いはあまりに大きいと言えます。

多胡郡とその周辺は、当時大変な人口密集地域だったということです。

国際性と先端技術に満ち溢れた都市域・多胡郡

しかし地域は、現在でも大規模な稲作に適したとは言い難い場所です。稲作によらない生産によって多くの人々が暮らせたのは、高度・特殊な技術が集積していたからではないでしょうか。多胡碑に見られる石の加工や撰文、上野国分寺瓦や瓦塔などの生産は最先端技術でした。金属加工も行われていたことでしょう。裳という特殊な服飾品の生産を担っていた可能性もあります。想像の域を出ませんが、羊の飼育を通した氈の生産も考えられます。流通・舟運の拠点でもあったと思われます。郡家正倉と思われる遺構が検出されましたが、そこに納められた稲や米は、多胡郡で生産されたものではなく、他の地域で作られたものが多胡郡の技術者集団を支えるために運ばれていた可能性も考える必要があります。逆に多胡郡での多様な生産品が集荷され都などに送られる光景も浮かび上がります。

多様な最先端産業が集中した、都城とは異なる形で都市的な成熟を示していた地域と言えます。繰り返しますが、成熟した、国際的な様相を帯びた、最先端産業地帯を独立した郡として拠点化することが国家意思だったと思われます。その流れを主体的に受け止めて、多胡郡域の人々は、出身地域の壁を超えて多胡郡を成立させました。**多胡碑はまさに自立と共生の記念碑**と言えましょう。

「朝鮮通信使」との同時登録は必然…活かしたい二五〇年の縁

早くから知られ関心を集めてきた多胡碑

そうした記念碑だけに、山上碑・金井沢碑の確実な記録が江戸時代も後半の一七八〇年代と見られているのに対し、多胡碑の記録は遅くとも永正六年（一五〇九）の連歌師・宗長（そうちょう）の紀行文『東路の津登（あづまぢのつと）』まで遡ります。戦国時代の真っただ中です。宗長は、連歌の会に参加した浜川並松別当という人物を「此の別当、俗（姓）は長野、（本）姓は石上也。並松、上野国多胡郡弁官府碑文の銘に曰く、太政官二品穂積親王左大臣正二位石上尊、此文の系図、布留社に有り」と多胡碑の一部をそのままに引用して紹介しています。

やがて江戸時代に入って世の中が落ち着いてくると、様々な人々が多胡碑に関心を寄せるようになります。中でも特に注目されるのは、高橋道齋と友人の書家・沢田東江（東郊）の研究と活動です。二人は拓本を採り、内外の文献等に当って考察を深めました。その成果が『上毛多胡郡碑帖』です。

朝鮮通信使に手渡され「貴邦金石の宝」と称賛された多胡碑拓本

話は、そこで止まりませんでした。

東江は当代第一の篆刻家でした。宝暦十四年（一七六四）徳川家治の将軍職就任を祝う国書を携えて来日した朝鮮通信使への返書に家治の印章を彫る大役を与えられていました。江戸時代、わが国は外国との関係を絶っていたように思われがちですが、朝鮮王朝との間だけは「信を通ずる」国交関係がありました。

大役を終え、朝鮮通信使書記官たちとの懇親を深める中で、彼は多胡碑の拓本を持ち出し、筆談を始めます。東江自身の記録で紹介しましょう。『傾蓋集』という書物です。「傾蓋」とは、孔子が道で程子と出会って、車の蓋を傾けて立ち話をしたという『孔子家語』致思の故事に基づく言葉です。初めての出会いで旧友のように親しくなることを意味します。朝鮮通信使と東江の関係にふさわしい言葉です。

宝暦十四年甲申二月、韓使来聘。鱗（東江）、時に命を奉り御書宝（家治の印）を篆る。事畢る。三月三日（中略）

秋月（朝鮮通信使製述官・南玉）云う。**恵る所の古碑、奇崛賞すべし。珍荷万々。**東郊（東江）云う。上野国九峰山人（高橋道齋のこと）、名は克明、頗る好古の士、此の碑本、即ち翻刻（採拓）する所は其の家（道齋のこと）なり。

秋月云う。**多胡碑、これを得るに甚だ奇なり。**（中略）

龍淵（朝鮮通信使書記・成大中）云う、**多胡碑の字法、甚だ奇崛**（奇抜にして優の意）と謂うべし。

朝鮮通信使側の評価が事実であったことは、製述官・南玉（秋月）が正式な使行日記『日観記』三月二日の条に「江戸に留まる。平鱗（＝東江）、多胡郡碑を送り致ける。すなわち**日東**（**日本**）**千年の古筆**なり。梁の瘞鶴銘にほぼ似るも、しかれども、骨気無きこと蚯蚓（ミミズのこと）の如くなるも、猶お**古意有り**」と記していることからもうかがい知ることができます。

多胡碑が生んだ世界との交流

半世紀の後、朝鮮から清国の都・燕京（北京）に派遣される国使・燕行使によって多胡碑拓本は清国に渡り、清国の金石学者の間で注目されるようになります。日本を文化の低い国と思っていた朝鮮王朝・大清帝国にとって、千年も前に称賛に値する書が碑に刻まれ、それが存在し続けていたことは、まさに想定外のことでした。日本を文化の国として見直すようになります。そして新たな文化交流が生まれていきました。

その一幕が、清朝末期きっての書家で金石学者でもあった楊守敬（一八三九～一九一二）と第二次群馬県初代県令楫取素彦（一八二九～一九一二）との逸話です。二〇一四年、山口県萩市と群馬県前橋市が復刻した『楫取素彦伝―耕堂　楫取男爵伝記』に次のように記されています。

本邦の最古碑たる多胡碑は、年久しくも荒草寒煙の間に埋没せられ、空く稀世の国宝を湮滅するの状況を目撃したれは、君の憂慮殆ど禁せさるものあり。仍て有志と謀り、爰に碑亭を造りて、永久の保存を施したり。その頃、清国人楊守敬なる者あり。深く金石文を好み、多く古碑拓本を集む。自国に在るの日、既に日本多胡碑の名を聞き、渇望して已ます。偶々来朝に際し、君の邸を訪ひ、談遂にこの事に及へり。君は直ちに同碑拓本を需めて彼れに恵贈せしかは、同人感喜して殆ど謝する所を知らす。後ち彼は右碑文中の文字を鉤勒して、その著楷法遡源に登載し、広く天下に宣伝し、以て古雅精妙の義を激賞するに至れり。これ、全く君か斡旋の功と謂ふへし。

県令を辞した後も、楫取は、上野三碑の保存と顕彰が順調に進んでいるかを案じて、明治四十三年（一九一〇）吉井町長橳島福七郎に手紙を書きます。手紙には一片の歌が添えられていました。

深草の　宇ちに埋連し　石文の　世耳めつ羅る、　時盤来尓希梨

橳島は強く心揺すぶられます。大正五年（一九一六）橳島らはその歌を石に刻んで多胡碑覆屋の前に建てました。多胡碑見学の際は、あわせてお読みください。

同時登録を活かして先人の志と交流を繋いでいきましょう

二〇一七年、上野三碑と「朝鮮通信使の記録」はユネスコ世界の記憶に同時登録されました。偶然ではありません。二五〇年を経た邂逅は、楫取素彦が人々に託した時が今まさにやってきたことを告げています。

多胡碑を建てた人々、守り続けてきた人々に続き、高橋道齋や沢田東江の営み、楫取素彦や橳島福七郎の志、多くの研究者の努力と成果、地域の人々の心を繋いでいきたいものです。

金井沢碑を読みましょう

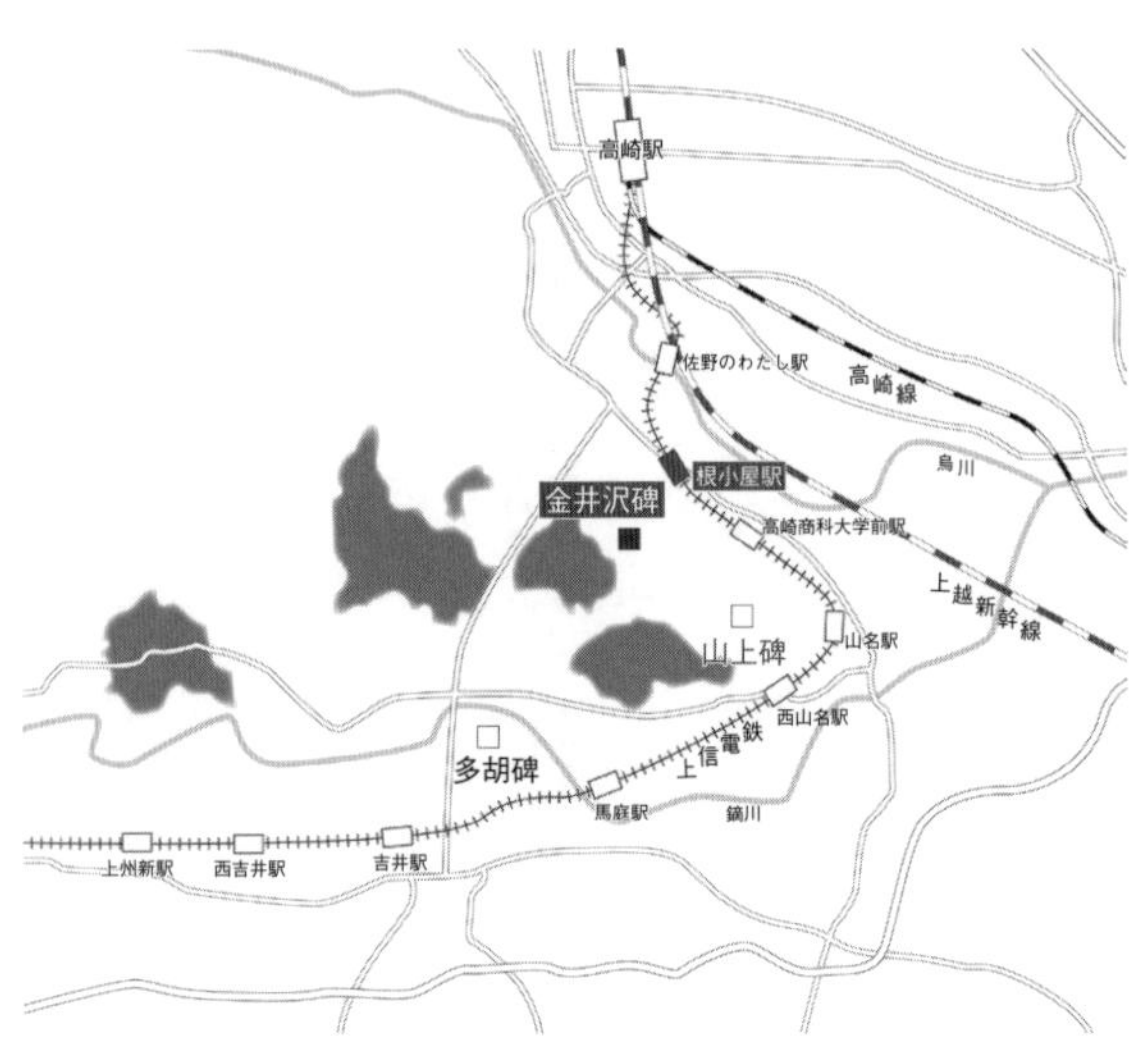

《金井沢碑までの道程》

◎上信電鉄根小屋駅からの歩きが便利です

上信電鉄にも乗り慣れたでしょうか。高崎駅から三つ目の根小屋（ねごや）駅で降りてください。

宅地の間を電柱などの金井沢碑案内を頼りに歩くこと五分あまり。「特別史跡金井沢碑」と刻まれた石柱があります。そこで道が分かれています。左への道を取ってください。そこからさらに五分あまり、東屋と金井沢碑の石柱が見えます。東屋で土・日・祝日の午後は「山上碑・金井沢碑を愛する会」のメンバーが「金井沢碑御朱印」をお配りしています。

東屋の向かいにはトイレも整備されています。自家用車やバスも止まれる駐車場もあります。

◎もう一つのルートは山上碑からのタイムトンネル「石碑（いしぶみ）の路（みち）」

金井沢碑に訪れるもう一つのルートがあります。多胡碑で紹介した「石碑の路」です。山上碑から、東歌などの万葉歌碑が設置された山道を歩いて行く方法です。

「日本」という国家の誕生を体感させる山道と紹介しましたが、「関東ふれあいの道」にも登録されている、夏涼しく、冬暖かいハイキングコースです。一時間かからずに山上碑から金井沢碑に到着します。高崎商科大学発行のガイドブックなどを活用されると趣も増しましょう。山上碑から金井沢碑へのルートの方が楽です。金井沢碑からだと、最初にちょっと厳しい登りになります。

金井沢碑へ

山上碑同様、陶板に正確な複製が

山上碑以上に整備された覆い屋です。

金井沢碑は三碑の中では一番新しい碑ですが、文字が小さく摩滅も進んでいます。窓越しでは読みにくいかもしれません。

山上碑同様、陶板に正確な複製が彫られています。碑と複製とを見比べながら、文字を読むことに挑戦してください。

金井沢碑の文字を確定しましょう

碑の写真と拓本を眺めてください。山上碑同様、自然石に彫られていますが、山上碑よりも文字が小さく、摩滅も進んでいます。しかし、山上碑・多胡碑を読んでこられた目でみれば目当てがつきそうです。一行ずつ文字を確定していきましょう。

金井沢碑覆い屋

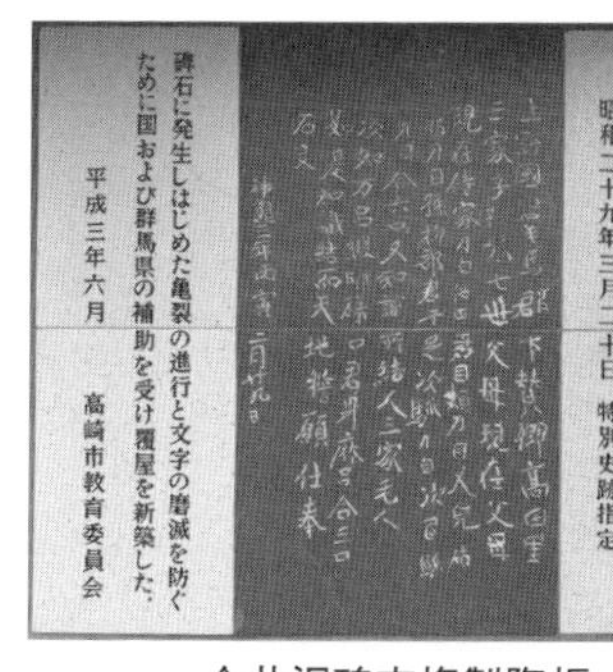

金井沢碑文複製陶板

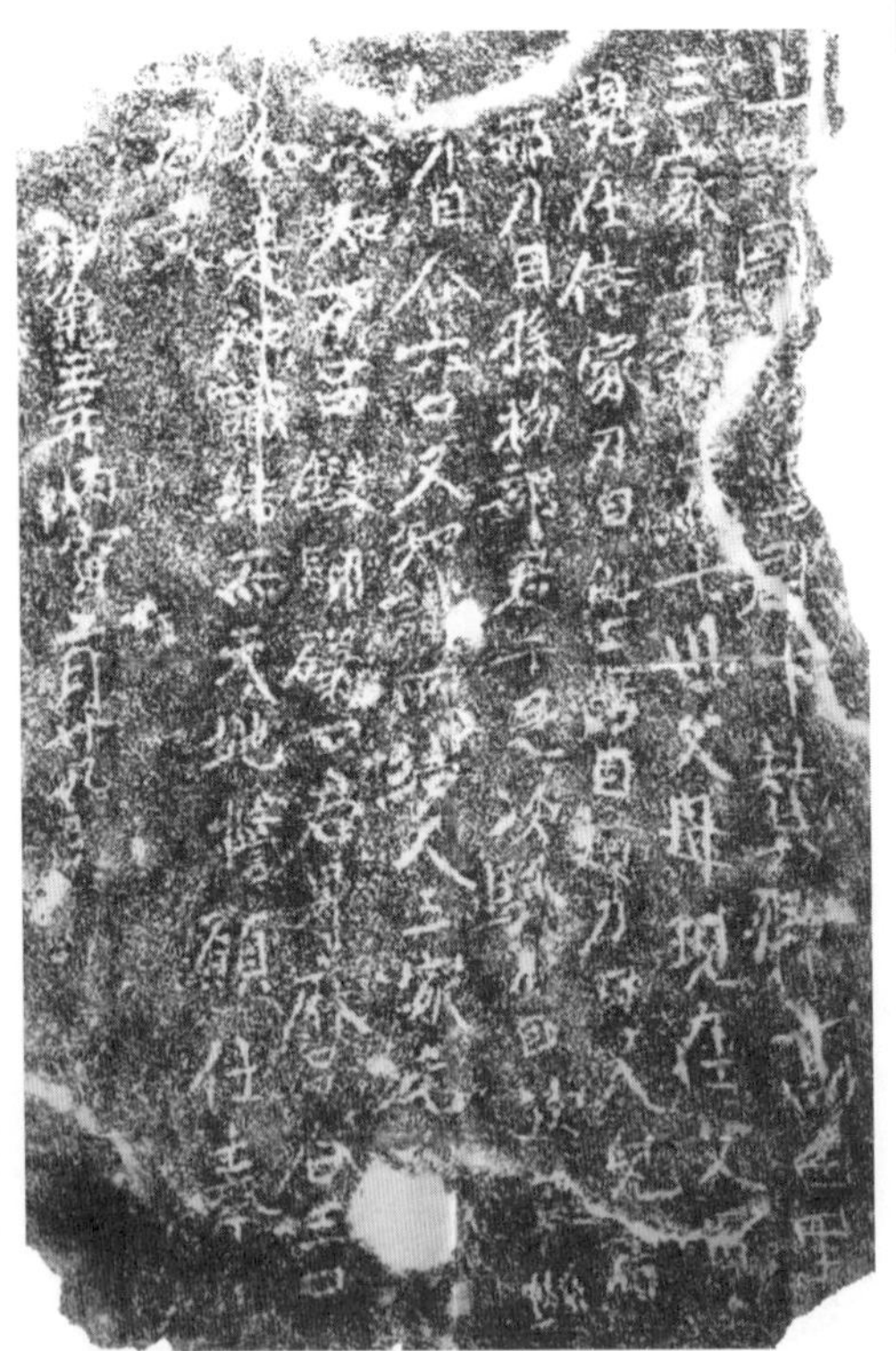

建立　神亀三年（七二六年）
所在　群馬県高崎市山名町金井沢
指定　国特別史跡（一九五四年）
形状　高一一五センチ　輝石安山岩自然石製
碑文　九行　一一二文字

一行目

第一字は「**上**」と採字されたことでしょう。そこから類推すると**第一字から第三字は**「**上野國**」となります。しかし、それに続く二文字ないし三文字はほぼ読めません。続く文字は明らかに「**郡**」です。続いて「**下賛**」、一字置いて「**髙田里**」と拾えると思います。

そこまでを整理すると「**上野國□□郡下賛□髙田里**」となります。

確定しやすい箇所から攻めてみましょう。「下賛」と「髙田里」の間から始めましょう。素直に見れば歹(かばね)偏(へん)に「郎」ないし「即」と見えます。そのような文字はありません。しかし、旁(つくり)が「郎」ないし「即」で「郡」や「里」に関わる文字を探してみましょう。「**郷**」が候補となります。『金石文字典』にも類例は見出せませんが、「郷」と見るのが論理的です。

次は「□□**郡**」です。郡名です。拓本をじっと見ていると「郡」のすぐ上の字は「馬」の可能性が出てきます。『金石文字典』に類例がありました。法隆寺金堂釈迦三尊像光背銘です。四つ点ではなく一本棒の馬の異体字です。□馬郡となれば□は群の可能性が高まります。しかし、「國」と「馬」との間隔が広いことを考えると「羣」の字体が浮かび上がります。『康熙字典』によれば「羣」が本字とありますから「羣馬郡」となります。

第一行は「**上野國羣馬郡下賛郷髙田里**」となります。

二行目

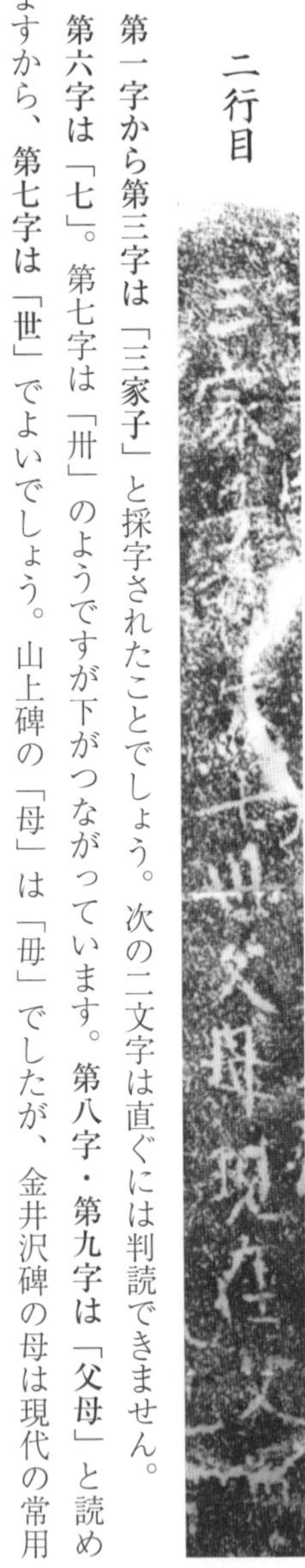

第一字から第三字は「**三家子**」と採字されたことでしょう。次の二文字は直ぐには判読できません。**第六字は**「**七**」。第七字は「卅」のようですが下がつながっています。**第八字・第九字は**「**父母**」と読めますから、**第七字は**「**世**」でよいでしょう。山上碑の「毋」は「毋」でしたが、金井沢碑の母は現代の常用漢字体と同じ字体です。**第十字・第十一字は**「**現在**」です。**第十二字が**「**父**」ですから、摩滅が進んでいますが、**第十三字も**「**母**」でよいでしょう。

整理すると「**三家子□□七世父母現在父母**」となります。実見で確認できるのはここまででしょう。「**七世**」の上の字は点が四つ見えます。文意から類推すると「為」です。多くの研究者もそう読んでいますが、石の割れ目と言うか石の凸凹と重なっていて実際は確定できません。その上の第三字は全く読めません。ほとんどの研究者が匙を投げています。

第二行は「三家子□<u>為</u>七世父母現在父母」と採字しておきましょう。

三行目

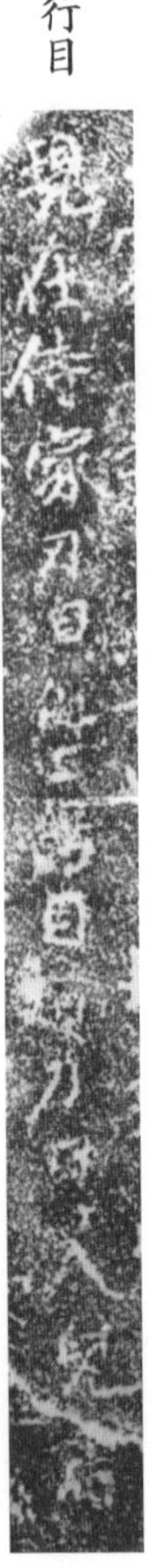

山上碑の読みを頭に置くと、**第一字から第六字**までは比較的楽に「**現在侍家刀自**」と採字されたことと思いますが、以下の文字は直ぐには判読しかねたことでしょう。

それでも**第十字は**「目」、**第十二字は**「刀」、**第十五字は**「皃」と読めそうです。山上碑は「児」という字体でしたが、金井沢碑は「皃」という字体を採用したようです。

第十五字と第十六字の間には割れ目があり、**第十六字**は読みにくくなっていますが、「加」で良いでしょう。多くの研究者の意見も「加」です。

ここまでを整理すると、「**現在侍家刀自□□□目□刀□□皃加**」となります。

第十一字の旁は「頁」に見えますが、そこまででしょう。『金石文字典』は「頬」と読んでいます。

第十三字は第五・第六字の「刀自」及び山上碑の事例から「自」が候補となります。

第十四字は「人」か「又」に見えますが、拓本と写真を見比べると「又」の可能性の方が高いでしょう。ほとんどの研究者がそう読んでいます。

第七字から第九字は全く読めません。

第三行は、「**現在侍家刀自□□□目頬刀自又皃加**」となります。

四行目

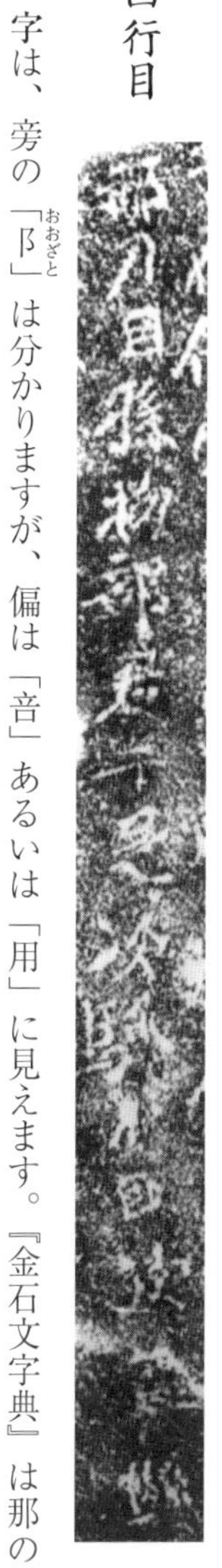

第一字は、旁の「阝（おおざと）」は分かりますが、偏は「音」あるいは「用」に見えます。『金石文字典』は那の異体字「冊阝」と捉えています。『金石文字典』の「那」は全てこの字体です。

第二字から第七字までは比較的楽に「**刀自孫物部君**」と拾われたと思います。

第八字はテマークのような文字で、上の横棒の左に「ノ」が見えますから「午」でよいでしょう。**第九字**

は山上碑類似の「⿱口乙」です。当代の「**足**」字形の一つと見られます。**第十字**は「**次**」です。

第十一字は**馬偏に**爪と見えます。どのような字書にもない字です。馬偏に爪ですから「**ひづめ**」**を表す造字**と考えられます。多胡碑の⿰礻恵積（穂積）と同じ創意です。国字と言います。私たちの祖先は、漢字を自らの言葉を表す文字として導入しただけでなく、新しい漢字をも生み出しています。朝鮮半島諸国も同様です。**第十一字**は⿰馬爪（ひづめ）としておきましょう。

第十二字以下は難解ですが、**第十三字**はかろうじて「**自**」に読めますから、**第十二字**は「**刀**」でしょう。**第十四字**は、第十字と少し形が違いますが「**次**」の可能性があります。第十五字は全く解読不能ですが、**第十六字**は旁が「**爪**」に見えます。⿰馬爪（ひづめ）としておきましょう。

第四行は、「**𨛬刀自孫物部君午⿱口乙次⿰馬爪（ひづめ）刀自次□⿰馬爪（ひづめ）**」となります。

五行目

金井沢碑の字体の特徴にも慣れて来られたでしょうから、**第一字から第八字**は「**刀自合六口又知識**」と採字されたと思います。二文字置いて**第十一から第十三字**は「**人三家**」と拾われたことでしょう。問題は残りの文字列、第九・第十字、第十四・第十五字です。

第九字は横一本棒の下に左右の塊が見えます。右の塊は「**斤**」です。左は「**y**」のような形です。こんな文字はないかと『**金石文字典**』に当たってみると、ありました。「**所**」の一字体です。「**所**」が比較的近いでしょうか。類似の字体で「**所**」を書かれる書家の方もいますし、街なかでも時に目にする字体です。

第十字は旁が「吉」に見えます。偏は「纟」です。多胡碑の「緑」の糸偏に似ています。「**結**」で良いでしょう。**第九字・第十字**で「**所結**」となれば漢文でも日本文でも得心のいく文字列となります。

第十四字は「毛」か「尾」か微妙ですが、碑面写真からは「**毛**」に分がありそうです。

第十五字は直後に石の凸凹が来ていて難解ですが、「**人**」で良いでしょう。第十四字に繋げると「**毛人**」となります。

整理すれば、**第五行目**は「**刀自合六口又知識所結人三家毛人**」となります。

六行目

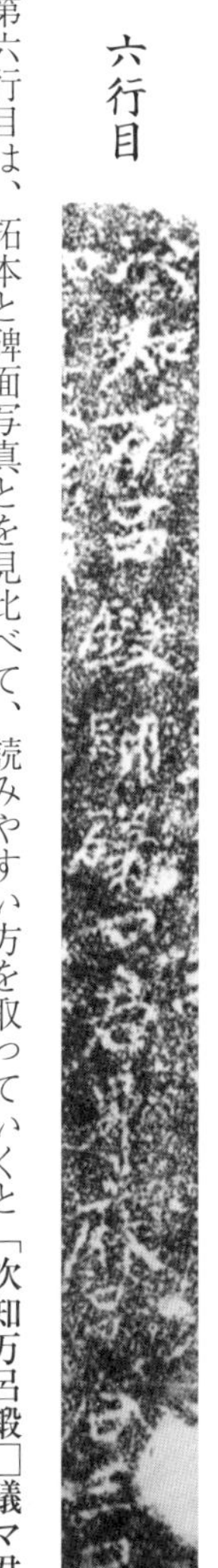

第六行目は、拓本と碑面写真とを見比べて、読みやすい方を取っていくと「**次知万呂鍛□儀マ君身麻呂合三口**」と拾えそうです。

問題は二つあります。第六字と「マ」と見える第八字です。

第六字の旁は拓本では「丙」か「巾」に見えます。碑面写真を見ると、第六字の旁を斜めに横切る形で第七字「儀」に向けて線が走っています。石の傷でしょう。そうなると、旁は「巾」の方が良いでしょう。偏は「巨」のような形です。ここから『金石文字典』に当たってみると、「**師**」という文字が該当します。字体とすれば「**師**」が近い字体でしょうか。「**鍛師**」となれば得心のいく文字列となります。

第八字の「マ」はカタカナの「マ」ではありません。「**部**」**の略字**です。旁の「阝・卩」だけで部とする形から始めて「マ・ア」の形にまで変容していきます。「阝・卩」例としては五六〇年代後半と見られる高句麗平壌城城壁石刻の「後卩」（朝鮮民主主義人民共和国平壌市）や六世紀後半と見られる岡田山一号墳出土鉄刀銘「各田卩臣」（島根県松江市）が挙げられます。金井沢碑の「マ」は一番進んだ略体でしょう。

整理すれば、**第六行目**は「**次知万呂鍛師礒マ(部)君身麻呂合三口**」となります。

七行目

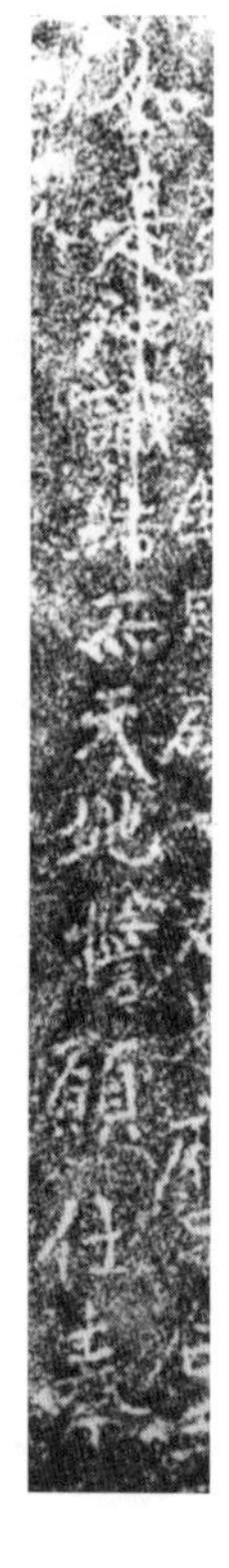

第七行目は縦に傷が入っていますが、それを注意して外すと「**如是知識結而天地誓願仕奉**」と採字できます。五行目と比べると「結」の文字は鮮明です。

なお、注意してみると、五行目の「結」の糸偏は多胡碑タイプなのに対し、七行目の「結」は通常の糸偏です。もともと違っていたのか、摩滅の結果なのか。気になるところです。

「知識」は五行目にも見られましたが、金井沢碑では「三家」「父母」「現在」「知識」「刀自」「又」「次」「䭾」「君」「合」「口」「結」「人」「呂」など同じ文字、熟語が何回も使われています。そのことが採字を助けています。同じ文字・熟語は石碑などを読んでいく上での糸口となります。知っておられると良いでしょう。

八行目

第八行目は「**石文**」の二文字だけです。「文」は拓本の方が鮮明です。

九行目

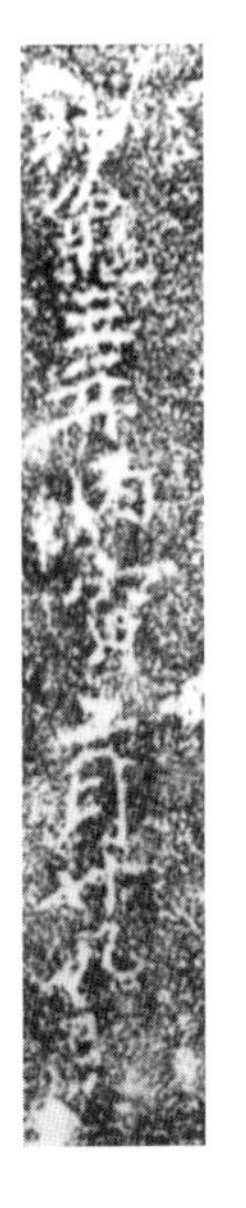

拓本と碑面写真を見比べながら進めると、**第九行**は「**神□三□丙寅二月廿九日**」と読めそうです。「寅」は多胡碑同様の「寅」字体を採っています。

第三字「三」と第五字「丙」の間の**第四字**は「并」のように見えますが、文意から「年」でしょう。『金石文字典』も「年」に挙げています。

丙寅で「神□三年」となる元号を探すと、当てはまる年は「神亀三年」しかありません。その目で見ると、**第二字**は確かに「龜」に見えます。「亀」の旧字体です。

整理すれば、第九行目は「**神龜三年丙寅二月廿九日**」となります。

なお、この行は、他の行に比べて一字下げて書かれています。気にしておきたいところです。

碑文全体を常用漢字体で整理してみましょう

「羣」「兒」のような特別な場合を除いて常用漢字体で整理してみましょう。山上碑同様、升目を作って彫る形ではありませんが、読みやすいように升目に入れてみました。

判読不能だった文字は□で、実見では判読が難しく文意や他の金石文事例から推測した文字には爲のような表現を取ってみました。

上野国羣馬郡下賛郷高田里
三家子□為七世父母現在父母
現在侍家刀自□□□目頬刀自又兒加
那刀自孫物部君午足次馸刀自次□馸
刀自合六口又知識所結人三家毛人
次万呂鍛師礒マ部君身麻呂合三口
如是知識結而天地誓願仕奉
石文
神亀三年丙寅二月廿九日

金井沢碑を書いてみましょう

文字が確定できましたから、金井沢碑を自分の手で書いてみましょう。碑文字体どおりのお手本とトレース用のページを用意しました。挑戦してみてください。

升目を使って常用漢字体でとお考えの方には升目も用意しました。どちらでも良いので書いてみてください。書く・読むという実感がわいてきます。

金井澤碑

左頁のお手本を見て、右頁でトレースしてみましょう。

上野國群馬郡下賛郷高田里
三家子孫為七世父母現在父母
現在侍家刀自他田君目頬刀自又兒加
那刀自孫物部君午足次馸刀自次乙馸
刀自合六口又知識所結人三家毛人
次知万呂鍛師礒部君身麻呂合三口
如是知識結而天地誓願仕奉
石文
神亀三年丙寅二月廿九日

上野國群馬郡下賛郷高田里
三家子□爲七世父母現在父母
現在侍家刀自他田君目頰刀自又兒加
那刀自孫物部君午足次䭾刀自次乙䭾
刀自合六口又知識所結人三家毛人
次知万呂鍛師礒部君身麻呂合三口
如是知識結而天地誓願仕奉
石文

神龜三年丙寅二月廿九日

書：伊東俊祐

金井沢碑を文章として読みましょう

金井沢碑の構成を確認してみましょう

確定した碑文を眺めてみましょう。羣・兒・駅・マ（部）以外は常用漢字体に統一してみました。□は判読不能だった文字、□で囲んである文字は実見では判読が難しく文意や他の金石文事例から推測した文字です。

（一行目）　上野国羣馬郡下賛郷高田里
（二行目）　三家子□[為]七世父母現在父母
（三行目）　現在侍家刀自□□□目[頰]刀[直][又]兒加
（四行目）　那刀自孫物部君午足次駅刀自[次]□駅
（五行目）　刀自合六口又知識所結人三家毛人
（六行目）　次知万呂鍛師礒マ（部）君身麻呂合三口
（七行目）　如是知識結而天地誓願仕奉
（八行目）　石文
（九行目）　　　神亀三年丙寅二月廿九日

一行目から八行目まで一つの文と見られますが、内容的にはいくつかの塊に分けて考えることができそうです。読みながらさらなる文字の確定と文の構成を考えていきましょう。

第一行　上野国羣馬郡下賛郷高田里

第一行が表現しているのは建碑者の戸籍

第一行の「上野国羣馬郡下賛郷高田里」は何を指しているのでしょうか。何らかの場所または地域を表わしていますが、金井沢碑が建てられた場所なら多胡郡山部郷でしょうから、合いません。

では、金井沢碑を建てた人の住所でしょうか。住所と言う場合、戸籍でしょうか、現住地でしょうか。現在でも戸籍（本籍）と現住地（住民票登録地）は異なる場合がありますが、当時のことを考えれば、戸籍と見る方が合理的です。

しかし、山上碑を読む中で見てきたように、古代の戸や里、戸籍は徴兵・徴税のための人為的制度でした。あくまでも人員編成の表現です。

「上野国羣馬郡下賛郷高田里」の戸籍に載るという内容で第二行目に続いていきます。

羣馬は「くるま」

まずは戸籍の中身を「上野国」から読んでいきましょう。

奈良時代の前半ですから「**上野国**」は「**かみつけのくに**」の読みが良いでしょう。

「**羣馬郡**」の「**羣**」が「群」の正字だということは説明してきましたが、群馬県の県章は正しく「羣」を使っています。先人の見識に脱帽です。

群馬県の紋章

「羣（群）馬」はどう読んだら良いでしょうか。「ぐんま」と思われるでしょうが、『和名類聚抄』は「群馬郡」の「群馬」に「**久留末**」とふりがなを振っています。七世紀末の藤原宮から出土した木簡には「上毛野國車　評　桃　井　里　大　贄　鮎」と記されています。「車」も「久留末」も「くるま」としか読めません。『和名類聚抄』は一〇世紀前半の編纂ですから、間の金井沢碑も「くるま」と読むのが適切です。一方で、藤原宮出土木簡の「**上毛野國車評**」が金井沢碑で「**上野國羣馬郡**」へと変化していることは、大宝令の施行を正確に反映しています。地域的には利根川と烏川に挟まれた榛名山東南麓が「羣(群)馬　郡」に当たります。

下賛郷高田里と読めるが所在は不明

では、群馬郡の中に「下賛」という郷は見つかるでしょうか。残念ながら、現在私たちが手にできる史料による限り「下賛」という郷はありません。

『和名類聚抄』が一番確かな史料ですが、群馬郡の郷として挙げている長野、井出、小野、八木、上郊、畦切、嶋名、群馬、桃井、有馬、利刈、駅家（うまや）、白衣の一三郷の中に「下賛」はありません。

「上郊」を「かむつさの」または「かむさと」と読んでいることから「賛」を「さの」と読んで「しもさの」とする説が有力ですが、どこにあったのかは分かっていません。

「高田里」もどこかは分かりませんが「高田」は「たかた」か「たかだ」で良いでしょう。

ややこしいことに、いずれも「さと」と読める「郷」と「里」が重なっています。『出雲国風土記』は「**郷**」を「**さと**」、「**里**」を「**こざと**」と読んでいますから「**下賛郷高田里**」と読むのがふさわしいでしょう。ここに金井沢碑の真正性を示す証拠があります。

郡・郷・里制：金井沢碑自身が真正性を証明

地方制度が何度も変更されてきたことは、多胡碑を読む中でも見てきました。評（こほ(お)り）・五十戸（さと）から始まり評・里（さと）を経て大宝令で郡（こほ(お)り）・里となりましたが、『出雲国風土記』は霊亀元年（七一五）から郡・里が郡・郷・里になったと記しています。『続日本紀』にはその記載がなく『出雲国風土記』が残っていたことで初めて明らかになった事実です。

しかし『続日本紀』や『和名類聚抄』などは全て郡・郷だけの表現です。

いつ郡・郷制になったのでしょうか。『続日本紀』には明記されていませんが、『国史大事典』は「政府は天平十一年（七三九）五月から七月にかけて出した一連の地方政治簡素化政策の一環として廃止を決定し、その年の末から翌年六月ころまでの間に、里と房戸を廃止して郷の組織だけを残す郷制に切り替えたのである」と書いています。

そう考えると、霊亀元年（七一五）と天平十一年（七三九）の間の**神亀三年（七二六）銘の金井沢碑が郡・郷・里の表現をとっていることは、金井沢碑の真正性を自ら明かすものとして、極めて貴重なことです。**

郷・里制の「里」はどのような単位でしょうか。知らせてくれるのは『出雲国風土記』です。表16のように、一つの郷には三つの里が属すというのが標準のようです（括弧の中の数値は一般の里に余部里と神戸（里）を加えた里の数を郷数で割った数値です）。

表16　『出雲国風土記』に見られる郷・里制下での郷と里の関係

郡名	意宇	島根	秋鹿	楯縫	出雲	神門	飯石	仁多	大原
郷数	11	8	4	4	8	8	7	4	8
里数	30	20	12	12	22	22	19	12	24
一郷あたり里数	2.73 (3.09)	2.50 (2.63)	3.00 (3.25)	3.00 (3.50)	2.75 (2.88)	2.75 (3.00)	2.71	3.00	3.00
余戸里	1	1		1		1			
神戸（里）	3		1	1	1	1			
余戸・神戸計	4	1	1	2	1	2			
駅家	3	1				2			

第二行　三家子□為七世父母現在父母

中心人物の名は不明だが、山上碑建立者の同族子孫か

第二行は、欠字があって碑文作成の中心人物の名が分からないのは残念ですが、「三家子□」は山上碑の佐野三家の同族と見られます。「（佐野）三家(みやけの)子□(なにがし)」と読んでおきましょう。

「為七世父母現在父母」の典拠はお盆の根拠となったお経

注目したいのは「為七世父母現在父母」という文言です。「七世父母」「現在父母」ともに『古事記』『日本書紀』『続日本紀』には例が少なく、造像銘や写経奥書に集中しています。

「七世（父母）」は七世紀代の仏像銘によく出てきます。最古例は法隆寺の戊子年（六二八）銘釈迦三尊像の光背銘です。「七世四恩六道四生(しちせいしおんりくどうししょう)」とあります。「七世四恩六道四生」で生きとし生けるもの全てを指します。「七世父母」ずばりの表現は根津美術館蔵の戊午年（六五八）銘阿弥陀像光背銘に見られます。「現在父母」の例としては法隆寺献納宝物甲寅年（六五四年）銘釈迦像光背銘（東京国立博物館蔵）が挙げられます。「奉為(おおんため)ニ二現在父母ノ一」という文言が記されています。金井沢碑とよく似た表現です。「七世父母現

在父母」の用例は写経奥書に多く見られます。確実に確認できる最古例は、現在のところ、天平十七年（七四五）の「大般若波羅蜜多経巻四八〇奥書」（『寧楽遺文』宗教編下）ですが、最古の写経の一つと考えられている丙戌年（六八六）銘の金剛場陀羅尼経奥書にすでに「為七世父母及一切衆生」とあります。

なお、「現在」の読みとして、『万葉集』東歌の上野国歌に奥あるいは将来に対する語として「麻左香（可）」とあることから「まさか」と読む説もありますが、『日本書紀』天武天皇朱鳥元年（六八六）六月条に「現有二師位一僧等」と読まれ、『続日本紀』神護景雲三年（七六九）十月条の称徳天皇の宣命には最勝王経を引いて「若造善悪業今現在中」とありますので、「いまある」あるいは「げむ（ん）ざい」で良いでしょう。

より重要なことは、「七世父母」「現在父母」それぞれの例はあっても**「（為）七世父母現在父母」という用例の確実な初出は金井沢碑と見られる**ということです。

一体何を典拠に金井沢碑の建碑者は「為七世父母現在父母」と書いたのでしょうか。探求の糸口は『日本書紀』唯一の「七世父母」例とした斉明天皇五年（六五九）七月庚寅（十五日）条です。次のようにあります。

庚寅に群臣に詔して、京内の諸寺に盂蘭盆経を勧講かしめて七世父母を報いしむ。

注目したいのは『仏説盂蘭盆経』というお経の登場です。お経を読むのは大変ですから、「七世父母」「現在父母」と類似表現を太字・傍線で示してみましたので、そこに注目してください。

仏説盂蘭盆経　西晋月氏三蔵竺法護訳

聞如是。一時、仏、在舎衛国祇樹給孤独園。大目乾連始得六通。欲度**父母**報乳哺之恩。即以道眼観視世間、見其亡母生餓鬼中、不見飲食皮骨連立。目連悲哀、即鉢盛飯、往餉其母。母得鉢飯、便以左手障飯、右手搏飯、食未入口化成火炭、遂不得食。目連大叫悲号啼泣、馳還白仏、具陳如此。
仏言、汝母罪根深結。非汝一人力所奈何。汝、雖孝順声動天地、天神地神・邪魔外道道士・四天王神亦不能奈何。当須十方衆僧威神之力乃得解脱。
吾、今当為汝説救済之法、令一切難皆離憂苦罪障消除。
仏告目蓮。十方衆僧於七月十五日僧自恣時、当**為七世父母及現在父母**。厄難中者。具飯・百味・五果・汲潅・盆器・香油・錠燭・床敷・臥具、尽世甘美以著盆中、供養十方大徳衆僧。
当此之曰、一切聖衆或在山間禅定、或得四道果、或樹下経行、或六通自在教化声聞縁覚、或十地菩薩大人、権現比丘在大衆中皆同一心受鉢和羅飯。具清浄戒聖衆之道其徳汪洋。其有供養此等自恣僧者、**現在父母七世父母**、六種親属、得出三途之苦、応時解脱衣食自然。若復有人父母現在者福楽百年、若已亡**七世父母**生天、自在化生、入天華光、受無量快楽。
時仏勅十方衆僧、皆先為施主家呪願**七世父母**、行禅定意、然後受食。初受盆時、先安在仏塔前、衆僧呪願竟、便自受食。
爾時、目連比丘及此大会大菩薩衆、皆大歓喜、而目連悲啼泣声釈然除滅。是時目連其母、即於是日得脱一劫餓鬼之苦。
爾時、目連復曰仏言、弟子**所生父母**、得蒙三宝功徳之力衆僧威神之力故。若未来世一切仏弟子、行孝順者亦応奉此盂蘭盆、救度**現在父母乃至七世父母**、為可爾不。
仏言、大善。快問。我正欲説。汝今復問。善男子、若有比丘・比丘尼・国王・太子・王子・大臣・宰相・三公・百官・万民・庶人、行孝慈者、皆応**為所生現在父母過去七世父母**、於七月十五日、仏歓喜日、僧自恣日、以百味飲食安盂蘭盆中、施十方自恣僧、乞願、便使**現在父母**寿命百年無病、無一切苦悩之患、乃至**七世父母**離餓鬼苦、得生天人中福楽無極。

仏告諸善男子・善女人、是仏弟子修孝順者、応念念中**常憶父母**供養乃至**七世父母**、年年七月十五日、常以孝順慈憶**所生父母**乃至**七世父母**為作盂蘭盆施仏及僧、以報**父母**長養慈愛之恩。若一切仏弟子、応当奉持是法。爾時、目連比丘、四輩弟子、聞仏所説歓喜奉行。仏説盂蘭盆経

「現在父母」「七世父母」がこれほど揃っているお経はないでしょう。特に「為七世父母及現在父母」「現在父母乃至七世父母」「為所生現在父母過去七世父母」と見えることは、この『仏説盂蘭盆経』が金井沢碑文の典拠である可能性を強く示唆しています。

『仏説盂蘭盆経』は、釈迦十大弟子の一人・大目乾連（目連）が、餓鬼道に落ちて苦しむ亡母の救いを釈迦に問うたところ、七月十五日の「自恣の時（夏安居と呼ばれる夏修行の最後の日）」にすべての比丘（修行者）に食べ物を施せば母親にもその施しの一端が口に入るだろうと諭され、教えの通りに布施することで全ての比丘の喜ぶところとなり亡母も救われたという内容を語っています。お盆の根拠となっているお経です。

「為七世父母現在父母」の典拠が『仏説盂蘭盆経』とすれば、三家氏周辺では『仏説盂蘭盆経』に基づく仏事が行われていたと見られます。金井沢碑でここだけが漢文体なのは、お経からの引用だからではないでしょうか。

そうであれば、「為七世父母現在父母」は、お経を読むように、「七世父母、現在父母の為に」と漢文読み下しで読む方が良いと考えられます。

第二行を全体として読めば

整理すれば、第二行は、「上野国羣馬郡下賛郷高田里（かみつけのくにくるまのこおりしもさののさとたかだのこざと）」の戸籍に載る「（佐野（さのの））三家子□（みやけのなにがし）は、七世父母（しちせいのふぼ）、現在父母（げんざいのふぼ）の（供養の）為（ため）に」と読むことがふさわしいと思われます。

「為に」は、より具体的に言えば「供養の為に」です。「供養の為に」何をしようとしたかが三行目から展開されます。

第三行へと続けて読む前に

碑文の構成をもう一度確認してみましょう

碑文をもう一度眺めてみましょう。金井沢碑は九行で書かれています。

（一行目）　上野国羣馬郡下賛郷高田里
（二行目）　三家子□為七世父母現在父母
（三行目）　現在侍家刀自□□□目頗刀自又兒加
（四行目）　那刀自孫物部君午足次馸刀自次□馸
（五行目）　刀自合六口又知識所結人三家毛人
（六行目）　次知万呂鍛師礒マ（部）君身麻呂合三口
（七行目）　如是知識結而天地誓願仕奉
（八行目）　石文
（九行目）　　神亀三年丙寅二月廿九日

第一行・第二行が連続していることを見てきました。「為に」で終わっていますから第三行に続くことは確かですが、第三行から第六行までが明らかにつながっているのに対し、第七行は独立感があります。

第八行は第七行に続くとしても「石文」とあるだけです。

第九行は石碑建立の年月日を記した独立の文と見られます。

次のような構造です。

①一・二行目

上野国羣馬郡下賛郷高田里（の戸籍に載る）**三家子□は、七世父母現在父母の為に、**

②三行目から六行目

現在侍家刀自□□□目頬刀自又兒加那刀自孫物部君午足次馸刀自次□馸刀自合六口又知識所結人三家毛人

次知万呂鍛師礒マ[部]君身麻呂合三口

③七・八行目

如是知識結而天地誓願仕奉石文

④九行目

神亀三年丙寅二月廿九日

碑文の構成から、ある大胆な試みを

そこで、第三行から第六行までを一つの塊と捉え、ある大胆な試みをしてみようと思います。①第一・第二行、②第三行から第六行、③第七・第八行、④第九行の四つの塊で金井沢碑を捉え、**①と③を繋いでみよ**

うという試みです。はたして、どうなるでしょうか。

③の第七行を①の第二行に直結させるには、第七行「如是知識結而」を「独立の文」として読んでみる必要があります。

第七行の「如是知識結而」から読み始めてみましょう

「如是」をどう読むか

まず「如是」をどう読むかです。「如是」は『日本書紀』に一一例、『続日本紀』に一六例見られます。『日本書紀』は全て漢文用例ですが、『続日本紀』一六例中一一例は日本語での詔勅である宣命の中で使われています。宣命での使われ方、読み方が導き手となります。

橘奈良麻呂の変発覚直前、光明皇大后が群臣に忠誠を求めた天平宝字元年（七五七）七月戊申条の宣命を例としてあげましょう（宣命番号一七）。

「如是」の読みだけでなく、次に出てくる「而」「仕奉」の読み、さらに宣命というものを実感いただきたく、全文と古訓を示してみました。

汝多知諸者吾近姪奈利。又竪子卿等者、天皇大命以汝多知乎召而屡詔志久。朕後尓太后尓能仕奉利助奉礼止詔伎。又大伴・佐伯宿禰等波、自遠天皇御世内乃兵止為而仕奉来。又大伴宿禰等波吾族尓母在。諸同心尓為而皇朝乎助仕奉牟時尓、如是醜事者聞曳自。汝多知乃不能尓依弖志如是在良志。諸以明清心皇朝乎助仕奉礼止宣。

眼が疲れたかもしれませんが、「如是」は「かく」または「かかる」と読まれています。

この宣命だけに限れば、「醜事」のような名詞を修飾する時は「かかる」、「在」のような動詞を修飾する時は「かく」と読んでいるようです。『万葉集』は六七例もありましたが、やはり「かく」または「かかる」と読んでいます。山部赤人の一首だけ紹介しておきましょう。「かく」と読まれています。動詞「開」を修飾する形だからでしょう。相聞ではなく春雑歌なので「恋」の対象は人ではなく花でしょう。

足比奇乃　山桜花　日並**而**　**如是**開有者　甚恋目夜裳（巻八—一四二五番）

「毎日咲いてくれれば、これほどいとおしく思わないのに」という歌でしょうか。

その成り立ちを考えれば、お経冒頭の常套語である「如是我聞」の「如是」を借用して日本語（やまとことば）の「かく」「かかる」を書き表す熟語に定着させたと見ることができます。漢字熟語を日本語表現の文字列として転用し定着させた一例です。

「知識結而」をどう読むか

次に、「知識結而」の「而」ですがこれも、例として挙げた宣命（宣命番号一七番）や万葉歌（国歌大観番号一四二五番）に見えています。「て」の表現です。漢文構文に見られる「而」を援用して接続助詞「て」を表す文字としたということです。

「如是」「而」の二例は金井沢碑・宣命・万葉歌に共通する創意です。漢文表現の援用です。日本語固有の副詞、形容詞、助詞を表す表現は、借音・借訓だけではなかったということです。金井沢碑は、そのことを示している極めて重要な同時代史料となります。そう考えれば、「如是知識結而」を「如是知識を結び而」と読むことの重みが浮かび上がります。続いて「天地誓願仕奉」を読んでいきましょう。

続いて「天地誓願仕奉」を読みましょう

「天地」をどう読むか

「天地」は『続日本紀』に五三例見られましたが、三〇例が宣命の中です。全て「あめつち」と読まれています。次のような使い方です。

「天地心(あめつちのこころ)」の類六、「与天地共長(あめつちとともにながく)」の類五、「天地神(あめつちのかみ)」の類五、「天地大瑞(あめつちのおほきしるし)」の類四、「天地授賜(あめつちのさずけたまふ)」「天地(あめつちの)示現賜物(あらはしたまふ)」の類計四、「天地恨(あめつちをうらみ)」「天地憎(あめつちをにくみ)」「天地逆(あめつちのさかしま)」計三、「天地四方(あめつちのよも)」「天地八方(あめつちのやも)」計二、「天地開闢(あめつちのはじめより)」一。

「天下(あめのした)」が政治的世界を表す言葉なのに対し、「天地(あめつち)」はあるがままの世界を表している言葉と言えましょう。「宇宙」という言葉がもともと持っていた意味が合いそうです。

「もともと」と言ったのは理由があります。「宇宙」という言葉は『淮南子(えなんじ)』という二〇〇〇年以上前に書かれた中国古典に出てくる言葉ですが、「往古来今を宙と謂(い)い、四方上下を宇と謂う」と書かれているからです。「往古来今」は時間の流れ、「四方上下」は空間の広がりです。時空の全体が宇宙です。天空を指すだけの言葉ではありませんでした。

「天地神」という使われ方をしていますから、「天地」は「天神地祇(あまつかみくにつかみ)」そのものを指している言葉ではないようです。私たちもおり「天神地祇」も共におられる宇宙の全体が「天地」ということになります。「天地心」「天地大瑞」などを考えると、「天地」は時に人々にメッセージを送ると見られていました。その時々の伝達者が「天神地祇」なのでしょう。

「誓願」をどう読むか

「誓願」は、戊子年（六二八）銘釈迦三尊像造像銘をはじめ仏教関係にはよく見られますが、『古事記』『万葉集』には一例もありません。『日本書紀』は推古天皇条と天武天皇条に計六例あるのみで、全て「こひちかふ」と読まれ、仏教信仰に繋がっています。『続日本紀』の用例も一例のみで、和銅二年二月条の筑紫観世音寺関係の記載だけです。「天地」とは対照的に明らかに仏教に基づく用語です。

「仕奉」をどう読むか

「仕奉」は『続日本紀』に一〇〇例ありますが、九八例つまりほぼ全てが宣命の中です。「つかへまつる」と読まれています。例とした宣命（一七番）には四か所も出ています。

漢文構文の「奉仕」に想を得て語順を逆転させ、日本語（やまとことば）の謙譲表現「つかへまつる」を表すために創り出した文字列です。「如是」「而」同様の創意です。

そうした創意が宣命、歌、そして石碑に共通して見られることは、列島社会における日本語（やまとことば）表記法が熟度を高め、遍く普及し始めた証拠でもあります。

「如是知識結而天地誓願仕奉」を第二行に繋げると

以上をまとめると、第七行は「如是知識を結び而天地に誓願仕奉」となります。「天地に誓願仕奉」ですから非常に強い意志、決意が感じ取れます。意訳すれば「（知識を結んだ）誓いを遍く天下に発します。この誓いにたがうことは未来永劫ありません」というような意味合いでしょう。

第二行に繋げると、「**上野国羣馬郡下賛郷高田里**（の戸籍に載る）**三家子□**は、**七世父母現在父母**（の供養）の**為**に、**如是知識を結び而天地に誓願仕奉**」となり、文意は通ります。

しかし最も重要な部分「どのような知識を結んだのか」「知識あるいは知識を結ぶとはどういうことなのか」が分かりません。「どのような知識を結んだのか」は「如是」二文字に集約されています。第三行から第六行が「如是」の内実と見られます。

そこに入る前に第八行目の読みを確定しておきましょう

第八行は「石文」とだけ書かれているが

参考となる新羅造像銘

第八行の「石文」は「いしぶみ」と読む以外ないようですが、韓国国立公州博物館蔵の癸酉年銘三尊千仏碑像銘（韓国国宝一〇六号）などを参照すると、背景にあるものが見えてきます。

癸酉年は新羅による朝鮮半島統一直後の六七三年です。摩滅が進んでいますが、多くの仏・菩薩像とともに「香徒…像造石記…二百五十人」の造像記（正面）と香徒（＝仏教徒）二百五十人の名（右側面）が刻まれています。正面の造像記は次の通りです。

歳在癸酉年四月十五日香
徒釋迦及諸佛菩薩像造
石記　是者為國王大
臣及七世父母法界衆生故敬

造之　香徒名□彌次乃眞
牟氏⿱大舍上生⿱大舍□□仁次⿱小舍□
宣⿱小舍賛不⿱小舍貳使⿱小舍□□
□⿱小舍□□等二百五十八

⿱大舍（新羅の官位十二等官「大舎（テシ・ハンサ）」を一文字で表わした新羅の国字）・⿱小舍（同じく新羅の官位十三等官「小舎（サシ・ソサ）」を一文字で表わした新羅の国字）なども興味深いところですが、後半は欠字が多いので、「石記」までを日本語で読んでおきましょう。新羅語と日本語の構文規則はほぼ同一なので、語順のままに読むことができます。

「歳（ほし）は在（あ）る癸酉年（みずのとのとりのとし）、四月十五日に香徒（＝仏教徒）、**釋迦及び諸佛・菩薩の像を造り石記**」となります。その銘文が三尊千仏の像を彫った石に彫られていることから、「石記」は、日本語で読めば「**石（いし）に記（しる）す**」と読むことができます。

「二百五十八人」という人物数の多さも注目されます。金井沢碑も、これから見ていくように複数の人物が登場します。多胡碑は「三百戸」の共同作業の記念碑でした。

なお、ここに、日本列島の造像銘や山上碑に見られる「為に」用例が見えています。現在のところ、朝鮮諸国における最古の「為に」用例と見られます。それが造像記であることは、何とも示唆的です。

集団で石に仏像や造像記を記す流れ

集団で石に仏像と造像記を彫る営みは中国北朝から朝鮮半島、日本列島へと伝流していました。

リスト検索しかできませんでしたが、北魏・景明四年（五〇三）の「高伏等三百人造像記」、正始元年（五〇四）の「比丘法雅等千人造九級浮圖碑」などから始まり、東魏・武定元年（五四三）の「李賛邑等邑義五百餘人造像碑」、翌年の「王貳郎法義三百人等造像記」などを経て、北斉・河清二年（五六三）「陳榮等三百餘人造像記」、武平二年（五七一）「永顯寺道端等三百人造像記」へと間断なく続いています。

七世紀半ばになると、紹介した癸酉年銘三尊千佛碑像など、朝鮮半島でも多くの人々が力を寄せて仏像と造像記を石に彫る例が見えてきます。

日本においても、八世紀半ばから九世紀初頭にかけて、造塔銘を持った石塔（竜福寺層塔、七五一年・奈良県高市郡明日香村）や山上多重塔（八〇一年・群馬県桐生市新里町）、仏足石記（七五三年、奈良県奈良市・薬師寺）や宇智川磨崖碑（推定七七八年・奈良県五條市）などが造られていきます。

そこには、石に彫ることによる決意、強い願いがうかがわれます。

この流れが山上碑に至る字体伝播の流れと重なり合うこと、山上碑・金井沢碑建立者が同族で仏教信者であること、多胡碑も三百戸の集団的営みであることなども注目されます。

上野三碑に至る大河が見えてきたようです。

「石文」に刻まれた決意

そう考えれば、第八行の「石文」は第七行の強い意志を石に彫ったことの強調と考えられますから、癸酉年銘三尊千仏碑像銘（韓国国宝一〇六号）の「記」にならって、「文」は**動詞として読んだ方が石に彫った決意が伝わるように思います。**

では、どう読んだらよいのか。動詞としての「文」の読み方は「かざる」が一般的ですが、「…天地に誓願仕奉（決意）を石に文す」と読んだらどうでしょうか。

第三～第六行を読み解いていきましょう

第一・二行と第七・八行は直結でき、第七行冒頭の「如是」の内実が第三～第六行であることが分かってきました。第三～第六行を読み解いていきましょう。そのためには二つの面からの検討が必要です。第一の検討課題は文としてどのような構造をとっているか、第二の検討課題は人名をどう読むか、です。

第三～第六行を解読する鍵

第一の検討課題である構造解明から入っていきましょう。鍵となるのは何回も出てくる文字です。

第三～第六行を改めて見ると、「現在侍家**刀自**□□□目頬**刀自又**兒加那**刀自**孫物部君午足**次**・𩡧**刀自次**・□𩡧**刀自**合六口**又**知識所結人三家毛人**次**・知万呂鍛師礒マ（部）君身麻呂合三口」とあって、いくつかの文字が複数書かれていることに気づかれることでしょう。

推定も含めて「**刀自**」が**五回**、「**次**」が**三回**、「**𩡧**」が**二回**、「**又**」が**二回**、**人が**「**三回**」使われています。また「**合〇口**」**という文言が二回出てきます**。複数回出てくる文言は解読の鍵となります。ただし、「人」の一例は人名の一部ですので「人」は鍵から外して考えましょう。

鍵を使って解読に挑戦してみましょう

出現回数が一番多い「**刀自**」は女性名の一部か女性敬称ですから複数の女性がいることが分かります。「𩡧(ひづめ)」二例はいずれも「**𩡧刀自**」という形ですから、複数の女性のうち二名は「𩡧刀自」と「□𩡧刀自」という近い関係にある女性です。

その二人の間に「次」という文字が書かれています。最初の「𩡧刀自」の前にも「次」があります。「孫物部君午足**次𩡧刀自次□𩡧刀自**」です。三**人は兄弟で、年齢はこの順序、建碑の主体である**「三家子□(みやけのなにがし)」の「**孫**」とみるのが論理的です。

三人の上に書かれている「**兒加那刀自**」**は**「三家子□(みやけのなにがし)」**の「兒」で、先の三人の母でしょう。**

その上の「現在侍家刀自□□□目頬刀自」をどう読むかは一つの難題です。「兒加那刀自孫物部君…」との間に「又」があることが一つの糸口です。

「又」と「次」、「合〇口」の三つの鍵から扉を開けて行きましょう。

そこで先ずは二つ目の「又」以下に目を向けてみましょう。

「又知識所結人三家毛人次知麻呂」とあって、「三家毛人」と「知麻呂」の間に「次」が見えますから、「知麻呂」は「三家毛人」に「次ぐ」人物と理解できます。「知麻呂」の氏姓が改めて書かれていないことを考えると、「毛人」と同じ氏姓つまり弟と考えられます。建碑の主体である「三家子□(みやけのなにがし)」の弟二人でしょう。

「鍛師礒マ(部)君身麻呂」との間には「又」も「次」もありません。「礒マ(部)君」とあって氏姓も異なっています。「三家子□」との血のつながりは考えにくい存在です。「鍛師」として建碑に関わったのでしょう。その検討は後段で考えるとして、**三家毛人・知麻呂兄弟と身麻呂でたしかに「合三口」**です。「人口」と言うように、「口」

は人の数を数える単位です。

「合三口」のグループに対して、その前に「合六口」のグループがあります。六人のうち、加那刀自・物部君午足・馸刀自・□馸刀自の四人は分かりました。残り二人は誰でしょうか。問題は「現在侍家刀自□□□目頰刀自」をどう読むかに再び戻ります。

「現在侍家刀自□□□目頰刀自」をどう読むか

「現在侍」をどう読むか

「現在」は第二行にも見られましたが、「侍」と続く場合、どう読んだらよいでしょうか。「侍」は古典によく出る文字ですが、熟語以外は「はべる」が一般的です。例えば元明天皇即位の宣命（『続日本紀』巻四、慶雲四年七月条）では「如是仕奉侍（かくつかえまつりはべる）」とあって「如是」「仕奉」と共に使われ「はべる」と読んでいます。

第二行にならえば「げんざいはべる」となりますが、第二行の「現在」はお経に基づく音読みでした。新日本古典文学大系本に「続紀宣命中の「在」はアリと読むのが例」とあることを踏まえれば、『日本書紀』天武天皇朱鳥元年六月条の「**現有**（いまあ）ル二師位（のりのしのくらゐ(い)）一僧等」の読みを導き手に「**いまありはべる**」と読みましょう。

「家刀自」をどう読むか

「家刀自」は「やかとじ」とも「いへ（え）とじ」とも読めます。現に、『続日本紀』に計九例出てくる「家刀自」という人名を新日本古典文学大系本は一貫して「いへ（え）とじ」と読んでいますが、『日本古代人名辞典』は語の並びから「やかとじ」と読んでいると見られます。

決定打はないのですが、山上碑・金井沢碑ともに「みやけ」を「三家」と書き、「三家」が氏姓と見られるので、「**やかとじ**」と読んでおきましょう。上野三碑においては、一つの文字を音読み・訓読みで使う例はあっても、異なる訓読みをする例は見られないようなので、「やかとじ」の方が論理的と思われます。

「現在侍家刀自□□□目頰刀自」とは

「**現在侍家刀自**(いまありはべるやかとじ)」とはどのような意味でしょうか。**三家子□**(みやけのなにがし)**の正妻ないし家を取り仕切る主婦**と見るのが妥当です。しかし「現在侍家刀自」だけでは「正妻ないし主婦」というだけです。個人が特定されません。

金井沢碑では「三家子□(みやけのなにがし)」はじめ他の人物は全て実名が書かれていますので、**「□□□目頰刀自」が「現在侍家刀自」の実名**と見られます。「自」は「自」と確定しましょう。

氏姓に当たる三文字はよく読めませんが、「他田君(おさだのきみ)」と読む説が通説となっています。傍証として『万葉集』巻二十の上野国防人(さきもり)歌の作者「他田部子磐先(おさたべこいは(わ)さき)」と正倉院に残された上代裂(ぎれ)(織物の断片)の墨書銘「他田部君足人(おさだべのきみたるひと)」が挙げられています。

前者は碓氷の坂を越えて九州に赴いた防人です。次のように歌っています。

比奈久母里(ひなくもり)　**宇須比乃佐可乎**(うすひのさかを)　**古延志太尓**(こえしだに)　**伊毛賀古比之久**(いもがこひしく)　**和須良延奴加母**(わすらえぬかも)

(ひなくもり　碓氷の坂を　越えしだに　妹が恋ひしく　忘らえぬかも)

生きては二度と会えないかもしれない切なさが心に沁みます。

後者の墨書銘は、天平勝宝四年(七五二)十月、上野国新田郡から黄色の絁(あしぎぬ)が宮中に送られた際の郡司としての署名です。

こうしたことから、他田部（君）が上野国にいたことは確かですが、君姓と部姓ないし部君姓を同一視できるのか、なお検討の余地があります。また、上野国には上毛野朝臣に連なる「池田君」という優勢氏族がいた可能性も考慮する必要があります。現段階では他田君としておくのが真摯な態度でしょう。

続いて、「目頬」を「めづら」と読む例が『日本書紀』継体天皇二十四年十月条にありますので、「頰」を「頬」と確定し「他田君目頬刀自」と読みましょう。なお、古代においては顔の上半分を「額」、下半分を「頬」と言います。

「又兒…合六口」を読んでいきましょう

「目頬刀自」に続く文は、「又」で始まります。「現在侍家刀自他田君目頬刀自」とは世代や立場を異にする人々がこれから書かれるということです。「兒加那刀自孫物部君午足次𩡧刀自次□𩡧刀自」と続きますから、**三家子□と他田君目頬刀自の兒の「加那刀自」、孫の「物部君午足、𩡧刀自、□𩡧刀自」の四名**がそれに当たります。文意から、「次」「𩡧」**は「次」「𩡧」と確定**しましょう。

「加那刀自」の氏姓は書かれていません。書かれていないということは、現在まで続く父方氏姓継承の伝統から氏姓は「三家」と見られます。

「孫物部君午足次□刀自次□□刀自」の内実

孫三名の氏姓は「物部君」です。加那刀自の結婚相手の氏姓でしょう。

物部君と考えられる氏族は、上野国に確かにいました。『続日本紀』天平神護元年（七六五）十一月戊午朔条「上野国甘楽（良）郡の人、中衛物部蜷淵ら五人に姓、物部公を賜う」と天平神護二年（七六六）五月甲戌条「上野国甘楽郡の人、外大初位下礒部牛麻呂ら四人に姓、物部公を賜う」が証拠です。姓「君」は天平宝字元年（七五七）ごろに「公」に変わっていますから、この物部公は明らかに物部君です。

加那刀自が結ばれた物部君某が碑面に現れないのは不思議ですが、物部公（君）が確認された甘楽郡は金井沢碑が建つ多胡郡の西隣です。多胡郡に最も多くの人を割いた地域でもあります。礒部が物部公（君）となっていることも後段の礒部君身麻呂との関係を予想させます。

「馸（ひづめ）」は実に見事な国字ですが、女子の名に「なぜ馸」と思われたかもしれません。馬は軍事的にも産業的にも威信財としても当代最高の品物でした。高級車やブランド品の名前を付けるような感覚でしょう。兄も「午足」です。物部君と馬との関わりの深さが考えられます。

「□馸刀自」の欠字を多くの書物は「若」と読み、かつて私は「乙」と読んできました。いずれも「馸刀自」の妹を指すことからの類推です。実見の限り決定打はありません。

「合六口」は誰と誰を示すのか

以上を整理すれば、第三行から第五行第五字までは「現在侍家刀自の他田君目頬刀自、又、兒なる（三家）加那刀自、孫なる午足、次（の孫の物部君）馸刀自、（その）次（の孫の物部君）□馸刀自、合わせて六口」となります。

「六口」の読み例は『日本書紀』欽明天皇十一年（五五〇）四月条に「むたり」と読まれています。「三口」の読みも例があって天武天皇六年（七六八）五月条に「みたり」と読まれています。「人」で数える時も「たり」です。「一人・二人」はそれを継承しています。

「合わせて六口」となるわけですが、「現在侍家刀自の他田君目頬刀自、又、兒なる（三家）加那刀自、孫なる物部君午足、次（の孫の物部君）馸刀自、（その）次（の孫の物部君）□馸刀自」では五人にしかなりません。

もう一人は誰でしょうか。建碑の主体である三家子□と考える以外ありません。

「又兒…合六口」の読みを関係図で表してみましょう

そう考えれば、第二行から続けて、「上野国羣馬郡下賛郷高田里（の戸籍に載る）三家子□は、七世父母現在父母の（供養の）為に、現在侍家刀自の他田君目頬刀自、又、兒なる（三家）加那刀自、孫なる物部君午足、次（の孫の物部君）馸刀自、（その）次（の孫の物部君）□馸刀自と合わせて六口…如是知識を結び而天地に誓願仕奉」となります。

文意は非常にはっきりしてきます。「合六口」の関係図を示せば、次のようになります。

（建碑の主体）三家子□

現在侍家刀自＝他田君目頬刀自（碑には見られない物部君某）

（三家）加那刀自

物部君午足

（物部君）馸刀自

（物部君）□馸刀自

「又知識所結人…合三口」を読んでいきましょう

「又(また)、知識所結人」と続きますから、三家子□の兄弟と見られる三家毛人と知万呂、そして鍜師礒マ(部)君身麻呂の「三口」は、三家子□ら六口が結ぶ知識に加わる人となります。

「知識所結人」という創意

しかし、漢文構文「知識所レ結人」をそのまま読んだだけでは、「三口」は三家子□が結ぶ知識に全く新たに加わったのか、すでに知識を結んでいて合流したのかは分かりません。特に、第七行に入って「知識を結而(て)」と出てきますので、すでに知識を結んでいた「三口」が、三家子□ら「六口」の結ぶ新たな知識に合流したと読みたくなります。現に、そう読んでいる方や解説書も少なくありません。

しかし、誤読されない工夫を金井沢碑は行っていました。漢文構文「所＋動詞」表現を借用して日本語にふさわしい新しい表現形式を生み出していたからです。

「所＋動詞」による日本語表現の新しい形式の創造

「知識所結人」をどう読んだら「六口」と「三口」の関係は鮮明になるのでしょうか。

しかし、古代史料のどこにも金石文の中にも「所結」の用例は見つかりません。弱りました。

捜索範囲を広げることとしましょう。「所結」と同型の「所＋動詞」に照準を据え直しましょう。「所＋動詞」は『続日本紀』の宣命と『万葉集』に頻出しています。しかし、宣命は全て天皇の行為を示していますので、『万葉集』に焦点を当てて考えましょう。

一つの歌の中で「ある動詞」と「所＋ある動詞」とが一緒に使われていて、その違いが鮮明になる歌の探索です。それが見つかれば「所＋動詞」の特性が鮮明になります。巻一にぴったりの歌がありました。国歌大観番号〇〇四八の「軽皇子、安騎野に宿す時、柿本朝臣人麻呂作歌」です。

東(ひむがしの)　野炎(のにかぎろひの)　立所見而(たつみえて)　反見為者(かへりみすれば)　月西渡(つきかたぶきぬ)

非常に有名な歌です。ご存じの方も多いと思います。字面を見ているだけで光景が浮き上がって来る、本当に素晴らしい歌です。「所見」は「みえ」と読まれています。終止形は「見ゆ」です。自ずと見えていることの表現です。一方「見」は「み」と読まれています。終止形は「見る」です。主体的意識的に見ていることを表現しています。「所見」と「見」の対比は実に鮮明です。そう思って読み直すと、この歌の深みがいっそう実感されます。

ただ、この読みはあくまでも賀茂真淵（一六九七～一七六九）の読みで、それ以前の読みは違うという説もあるので、他にも当たってみる必要があります。

ありました。こちらも大変有名な歌です。巻四の国歌大観番号〇五八一番の歌です。

生而有者(いきてあらば)　見巻毛不知(みまくもしらず)　何如毛(なにしかも)　将死与妹常(しなむよいもと)　夢所見鶴(いめにみえつる)

後に家持の妻となる大伴坂上大嬢が夢に現れた家持に贈った歌です。

逢えない時が続くなか、家持が大嬢の夢に現れ、「こんなに逢えないなら、いっそ二人で死んでしまおう」と語ったことに対して、「生きていれば逢えることもあるということも知らないで、あなたは夢に出てきて「死んでしまおう」なんて言うの。生きて逢いましょうよ。」とでも現代語訳できましょうか。ここでも夢に受動的に現れる様を「所見（「みゆ」の連体形）」と記し、現実世界で能動的に逢うことを「見」で表しています。巻一の六四番の歌「慶雲三年（七〇六）丙午、難波宮に幸す時、志貴皇子の御作歌」も参考となります。「所+念」の例です。

芦邊行　鴨之羽我比尓　霜零而　寒暮夕　倭之所念

温度や湿度、日暮れの色調が直接伝わる文字の選択ですが、「念」ではなく「所念」とあります。「おもふ」ではなく「おもほゆ」と読まれています。四八番の「所見」と同じく、自ずと湧いてくる「念ひ（い）」という感じが伝わってきます。

「聞く」と「所聞」、「思ふ（う）」と「所思」の関係も、同様でした。「所+動詞」は、受動・自発・可能を示す上代特有の助動詞「ゆ」の表現として生み出されたと考えられます。

「所結」は、「結ぶ」に対する受動的・従属的な表現となりますから、厳密に考え『万葉集』に倣えば終止形は「結ぼゆ」、連体形は「結ぼゆる」です。

しかし、現代に読み継ぐことを考えれば、同じ受動・自発・可能の助動詞「る」で考えて、その口語体「結べる」（連体形も「結べる」）と読めば良いでしょう。

知識を結ぶにあたり、主たる「六口」と従たる「三口」を書き分け

そう考えると、「知識所結（知識に結べる）」という表現が従属的に知識に結ばれた三家毛人らに対して使われたのはもっともなことです。

山上碑の段階でほぼ完成した日本語表現が、金井沢碑の段階では、主と従とを書き分けるまでに熟したこ

とになります。見事なまでの表現力です。

知識を結んだ「六口」と「三口」の関係を図で示せば次のようになります。

知識を結ぶ六口（「知識結而」）：主

知識に結べる三口（「知識結所」）：従

従たる「三口」の内実

従たる存在である「知識に結べる」三人の内実に少し踏み込んでみましょう。

三家毛人　まずは三家毛人です。判読の難しい文字を「人」と読んだのは理由があります。「毛」の次に類似の字形で来る人名は「毛人」以外には考えにくいからです。

現に「毛人」の名を負う人物は大勢います。特に著名な人物と言えば、造東大寺司長官・大宰帥（大宰府長官）を歴任した佐伯宿禰今毛人（七一九～七九〇）と墓誌を残している小野毛人（六七七年没）が挙がります。小野毛人は遣隋使・小野妹子(いもこ)の息子です。「毛人」はいずれも「えみし」と読まれています。

話が飛びますが、倭建(やまとたける)の「タケル」は、彼が倒した熊曽建(くまそたける)から献上された名であるという伝承に見られるように、蝦夷とも書かれる毛人は、夷狄と見られる半面、その名を受け継ぐことは異なる世界の尋常ならざる力を受け継ぐことになると考えられました。それが「毛人(えみし)」という名を持つ人々が少なくない理由です。「隼人(はやと)」も同様です。「隼人」は現在でも使われます。

三家子□の弟二人には、武の毛人と文の知麻呂という思いが込められていたのかもしれません。

鍛師とは　「鍛師」を「かぬち」と読むのも理由があります。『日本書紀』天武天皇十年十二月条に「田中臣鍛師」という人物が登場し「かぬち」と読まれているからです。ただ、その人物の登場はここだけで実像はわかりません。

「鍛」という文字自体の史料出現が少なく、「かぬち」用例も『古事記』天石屋戸(あめのいはやと)の章の「鍛人天津麻羅(かぬちあまつまら)」、『日本書紀』綏靖(すいぜい)天皇即位前紀の「倭鍛人天津真浦(やまとのかぬちあまつまら)」、垂仁(すいにん)天皇三十九年条一云(あるにいふ)の「鍛(かぬち)、名は河上(かはかみ)」くらいです。しかし、それらの記載から鍛(かぬち)が神器である鏡や剣の製作者であることが推測されます。現に鍛冶司は宮内省に属し「銅鉄雑器の属(たぐい)を造作」しました。統括する官人の下に「鍛部(かぬち)廿人、使部十六人、直丁一人、鍛戸」が配置されるとありますから、礒部君身麻呂は「鍛部」の一人だったのかもしれません。「師」とあるので、卓越した技術者だったのでしょうか。

「鍛師」と書かれる「磯部君」に関して、先に『続日本紀』天平神護二年（七六六）五月甲戌条「上野国甘楽郡の人、外(げ)大初位(そい)下礒部(いそべ)牛麻呂ら四人に姓、物部公を賜う」を挙げました。姓(かばね)が異なるので注意が必要ですが、物部連氏は武器の管理と深く関わる氏族です、甘楽郡に鎮座まします上野国一之宮貫前(ぬきさき)神社は物部連氏の祖先神・経津主神あるいは霊剣・布都魂神を祀っています（富岡市一ノ宮）。経津主神を主祭神とする主要神社は貫前神社と香取神宮だけです。興味深い符合です。

また「いそべ」は高崎市西隣の安中市に名を残しています。有名な磯部温泉です。

以上を整理すれば、「又」以降は次のように読むことができます。

又、知識に所結人、（三家子□の弟の）**三家毛人、次の**（弟の三家）**知万呂、鍛師礒マ君身麻呂の合わせて三口**

最後に書かれた「神亀三年丙寅二月廿九日」

九行目は冒頭が一字下がっています。今なら段落替えの表現でしょうが、空格と言います。第八行目までの主文とは独立した文ということでしょう。

神亀三年丙寅は七二六年に当ります。太陰太陽暦の神亀三年二月は小の月ですから廿九日は月末です。神亀三年は閏年ではありません。太陰太陽暦には閏月はあっても閏年はありません。閏年は明治の太陽暦導入からの制度です。

蛇足を一つ。山上碑は記載年月日が冒頭でした。埼玉稲荷山古墳出土鉄剣に始まる金石文のほとんどがこの形式です。多胡碑は真ん中でした。金井沢碑は最後に記されています。記載年月日の位置が後ろへ後ろへとずれています。興味深い変化です。律令が定着したことによる結果でしょうか。現代の手紙の書式は金井沢碑書式の継承者です。一方で横書きの書類などは山上碑書式に近い形ですから先祖返りかもしれません。

全文を通読してみましょう

部分、部分の読みは確定できました。全文を通読してみましょう。（　）の中は最低限必要な補足です。この補足があれば改めて現代語訳する必要はないでしょう。むしろ読みのリズムをもって碑文を読み継いでいきましょう。

上野国羣馬郡下賛郷高田里（の戸籍に載る）**三家子□は、七世父母現在父母の**（供養の）**為に、現在侍家刀自の他田君目頬刀自、又、兒なる**（三家）**加那刀自、孫なる物部君午足、次なる**（孫の物部君）**馸刀自、**（その）**次なる**（孫の物部君）**□馸刀自と合わせて六口**（を中心に）、**又、**（その）**知識に所結人、**（三家子□の弟の）**三家毛人、次なる**（弟の三家）**知万呂、鍛師礒マ君身麻呂の合わせて三口と、如是知識を結び而天地に誓願仕奉**（決意）**を石に文す。**　**神亀三年丙寅二月廿九日**

このように読み通すと、「知識結」という言葉の重要性が浮かび上がってきます。

ここに金井沢碑の価値とそこが原点となっての大きなうねりがあります。

節を改めて、「知識結」の意味とそれが開いた世界を見ていきましょう。現代の我々に直結する価値が横たわっています。

金井沢碑の価値を確認しましょう

金井沢碑には、戸籍や婚姻、家の財産や祭祀権の継承関係など、多くの重要な課題が刻まれています。しかし最も重要な点は、日本仏教がどのような形で定着、普及していったかを知らせている点にあります。鍵となる言葉が二回も出てくる「知識結」です。「知識」と「知識結」とに段階を分けて考えていきましょう。まずは「知識」です。

「知識」とは何か

現在とは全く異なる意味：仏教を信じ力合わせる仲間・友人

現在では「知識」は「ある物事を知っている、または、その内容」を指しますが、金井沢碑の「知識」は全く異なるものを指しています。**仏教を信じて力合わせる仲間・友人**のことです。「知識」はインド仏典のmitra（友人）の中国での訳語（漢意訳）です。kalyāna-mitraの漢意訳「善知識」は現在の仏教でもよく使われています。耳にされた方も多いと思います。

中国人がmitraを「知識」と訳したのは、仲間・友人という意味に加えて、仏教が智慧の宗教だからでしょう。有名な『般若心経』の「般若」はprajñāの音写（漢音訳）ですが、意訳は「智慧」です。「知識（智識）」の当時の意味が現在に伝わっている例があります。ちょっと考えてみてください。そうです。「**知・智**」を「**とも**」と**読む習慣**です。身近なところで確実に生きています。

金石文などに見られる「知識」

「知識」という言葉は金石文や写経の奥書（おくがき）などによく見られます。

造像銘　いまのところ日本最古の造像銘例は、六二三年と見られる癸未年銘法隆寺金堂釈迦像光背銘です。

聖徳太子を崇拝し仏道を信じる「知識」が、釈迦三尊像などを造ることで、先に亡くなられた人々と共に彼岸に渡ることを念じています。

（前略）癸未年三月中、願の如く釈迦尊像并侠侍及荘厳具を敬み造り竟る。斯の微福に乗り、信道の知識、現在安隠、出生入死、三主（亡くなられた聖徳太子とその母・妃）**に随い奉りて、三宝**（仏・法・僧）**を紹隆し、遂に彼岸を共にせんことを。（後略）**

写経奥書　最古の奥書例は、「為七世父母」例としても挙げた金剛場陀羅尼経奥書（六八六年）です。教化僧宝林に率いられた「川内国志貴評の内の知識」が浄土往生の願いを込めて写経を行った様子が次のように記されています。

歳は次る丙戌年五月、川内国志貴評の内の知識、七世父母及一切衆生の為に金剛場陀羅尼経一部を敬み造る。此の善因を藉りて浄土に往生し終に正覚を成さんことを。教化僧宝林。

多胡碑の「三郡の内、三百戸」の表現を想い出させますが、類似の例は他の経文や仏教理論書の書写にいくつか見えています。

土塔　第三の例は史跡土塔（大阪府堺市中区土塔町）発掘調査で発見された銘文瓦です。土塔は瓦と土で作り上げた塔です。行基（六六八～七四九）の元に集まった人々によって神亀四年（七二七）に作られたことが分かっています。全文が判明していませんが、次のようにヘラ描きされています。

］遺諸同知識尓入［

八月卅日

行基の呼びかけに従って集まった人々を「知識」と呼び、その力で土塔が築かれた点は、先の造仏や写経に通ずるものがあります。神亀四年は金井沢碑建立の翌年です。日本の東西でほぼ同時期に知識が組織されたことは興味深い事実です。

『日本霊異記』　第四の例は平安時代初めの成立と見られる仏教説話集『日本国現報善悪霊異記（にほんこくげんほうぜんあくりょういき）』（『日本霊異記』）です。全一一六話のうちの七話に「知識」が登場します。

その形はほぼ決まっています。僧や国司が「知識を率引（そついん）して」と書かれています。地域の人々を仏教信者としてまとめて行動を起こすことが「知識を率引」の内容です。

金井沢碑のキーワード「知識結」とは何か

こう見てくると、「知識結」が何を意味するかが見えてきます。

「知識」と書かれる人々は造寺・造塔・造仏、写経・納経などを行って悟りを得、先祖を供養し、浄土に往生することを念じています。そのために力を合わせることが「知識結」であると見られます。

「知識結」あるいはそれに類する営みによって人々は何をしてきたのかを史料の中に尋ねてみましょう。

「知識」と大仏造立

『国史大事典』は、知識を「仏像や堂塔などの造立に、金品を寄進して助けること。その事業に協力すること。また、その人や、その金品」と解説しています。これだけ読むと、非常に一般的であったと考えがちですが、『日本書紀』『古事記』『万葉集』には用例がありません。

『続日本紀』も「知識」七例、「智識」七例のみです。しかも用例が偏っています。「智識」七例は全て「智識寺」という特定の寺を指しています。「知識」も天平十五年（七四三）十月の有名な大仏造立の詔の中での二例と大仏造立への知識物献上三例、そして各国国分寺への知識物献上二例だけです。

大仏造立の詔を引用してみましょう。声に出して読まれると、言わんとするところがより分かってきます。読みは古訓に従いました。

（前略）粤に天平十五年歳癸未次十月十五日を以て菩薩大願を発して盧舎那仏の金銅像一躯を造り奉る。国の銅を尽して象を鎔、大山を削りて堂を構へ、広く法界に及して朕が知識と為す。遂に同じく利益を蒙りて共に菩提を致さしむ。夫れ、天下の富を有つ者は朕なり。天下の勢を有つ者は朕なり。この富と勢とを以てこの尊き像を造らむ。（中略）是の故に知識に預かる者は懇に至れる誠を発し、各介なる福を招きて、日毎に三たび盧舎那仏を拝むべし。自ら念を存して、各、盧舎那仏を造るべし。（後略）

聖武天皇発願の大仏造立に参加することを「朕が知識と為す」「知識に預かる者」と表現しています。仏教的なある目的のために人々を結集することを「知識」と呼んでいることは確かです。

古訓から「知識」は「ちしき」と音読すれば良いことも分かります。上野三碑の解説書などで「ほとけ」と読んでいるものも見かけますが、同時代の宣命の古訓に従い「ちしき」と読む方が良いでしょう。

その呼びかけに応えて寄せられる物品を知識物と呼んでいたことも『続日本紀』天平二十年（七四八）二月壬戌条などの記載から分かります。

各国国分寺建立と知識物献上：際立つ上野国

各国に建立が命じられた国分寺に関わって『続日本紀』天平勝宝元年（七四九）条に二か所にわたって上野・

尾張・伊予・飛騨の四つの国の国分寺への知識物献上が出てきます。（読み下し）

五月戊寅（十五日）条

上野国碓氷郡人外従七位上石上部君諸弟、尾張国山田郡人外従七位下生江臣安久多、伊予国宇和郡人外大初位下凡直鎌足ら、各に**当国国分寺に知識物を献ず。**並に外従五位下を授く。

閏五月癸丑（二十日）条

飛騨国大野郡大領外正七位下飛騨国造高市麻呂、**上野国勢多郡小領外従七位下上毛野朝臣足人、**各に当**国国分寺に知識物を献ず。**並に外従五位下を授く。

各国国分寺への知識物献上記事はこの二条、五例だけです。その中で、両条ともに上野国の地域有力氏族が登場していることは注目に値します。しかも碓氷郡と勢多郡とあって、上野国の西と東のそれぞれの有力氏族の献上です。

東大寺大仏造立や国分寺建立における「知識」と金井沢碑の「知識」とには隔たりもあるでしょうが、上野国での「知識」の定着・普及が早かったことは確かと言ってよいでしょう。

人々を組織しての社会的活動

知識を率いて土塔を造った行基を、『続日本紀』天平勝宝元年（七四九）二月丁酉（二日）条が次のように評していることも注目されます。行基の卒伝（正史等に載せられた追悼評伝）です。これも声に出して読んでみると、書かれていることがよく分かります。

親ら弟子等を率いて、諸の要害の処に橋を造り陂を築く。聞見ることの及ぶ所、咸来りて功を加へ、不

> 日にして成る。……時の人号けて行基菩薩と曰ふ。留止る処には皆道場を建つ。その畿内には凡そ卌（四十）九処、諸道にも亦往々に在り。

行基が四九もの道場を造るだけでなく、弟子を率いて橋を架けたり堤を築いたりしたことに多くの人々が率先して参加したという記述です。

僧侶たちだけの狭義の仏教的営みから、多くの人々の参加を得ての社会的活動へと展開しています。それを率いる実践的指導者が「菩薩」と呼ばれたことも分かります。

行基が師と仰いだ人物に道照（六二九～七〇〇）がいました。六五三年の遣唐使船で入唐し三蔵法師・玄奘三蔵から親しく教えを受けて帰国した僧です。元興寺の禅院に住みましたが、それに満足せず「天下を周り遊びて路の傍に井を穿ち、諸の津済の処に船を儲け、橋を造りぬ」（『続日本紀』文武天皇四年《七〇〇》三月条）と書かれた人物です。

道照のこの営みが行基の営みにつながっていきます。

金井沢碑の「知識」が営んだ事業は分かりませんが、まもなく金井沢碑の周辺から行基の営みにつらなる仏者が陸続と生まれてきます。

金井沢碑を継ぐ大きなうねり

上野第四の碑・山上多重塔

大きなうねりを感じさせる最初の足がかりは、上野国第四の碑とも言える山上多重塔（群馬県桐生市新里町山上）です。こちらは「山上」を「やまかみ」と読みます。

三層四面の石塔です。各面に上層四文字・中層三文字・下層四文字が南面・西面・北面・東面の順に、右回りに、次のように刻まれています。

（上層）如法経坐奉為朝庭神祇父母衆生含霊

（中層）少師道輪延暦廿年七月十七日

（下層）爲□无間受苦衆生永得安樂令登彼岸

それぞれの層は、次のように読めそうです。

（上層）如法経坐します。朝庭・神祇・父母・衆生・含霊の奉為に。

「如法経」とは、特別な宗教的条件を整え、定められた方式に従い、敬虔な気持ちで書写した経を指します。法華経の場合が多いとされます。山上多重塔の塔心部に穿たれた穴は法華経八巻を納めるのに適した大きさと見られます。「あり」の敬語表現「おわす・おわします」は「御座す」と書かれますから、尊き経を納めるという意味で「坐」一字を「おわします」と読んでおきましょう。

山上多重塔

「奉為」は、六五四年の作と見られる法隆寺献納宝物釈迦像光背銘の「奉為現在父母」から使われている常套句です。朝庭（廷）（＝国家・国王）に続いて神祇とある点が日本らしくて興味深いところですが、朝庭（廷）・神祇・父母・衆生・含霊（＝生きとし生きるもの全て）のために如法経を納めましたという意味です。

山上多重塔銘文

（中層）少師道輪、延暦廿年七月十七日

「少師」は議論がありますが、道輪という僧のへりくだった自称でしょうか。「延暦廿年」は八〇一年にあたります。都は平安京へと移り、この年二月節刀を授けられた征夷大将軍坂上大宿禰田村麻呂（さかのうえのおおすくねたむらまろ）が対蝦夷戦に奮戦していた時です。しかし、この時代の実録である『日本後紀』（にほんこうき）の前後の巻（巻九・十・十一。延暦十九年から二十二年）は一括して失われています。一部が『日本紀略』（にほんきりゃく）という書物に採録されているばかりです。特に延暦二十年の条は三百字ほどです。本当に僅かしか残っていません。同時代史料がまことに手薄です。それだけに山上多重塔は極めて重要な同時代史料です。

（下層）无間に苦を受く衆生を□、永く安樂を得て彼岸に登らしむ爲に

「无間」は「無間」と書かれる場合が多く、「無間地獄」のことです。地獄の中の地獄と言われ、地獄の一番深い所にあるとされています。大罪を犯した者が落ちる地獄で、間断なく責苦を受け続けることから「無間」と書かれます。現世の過酷さを象徴する文言として使い、現世での苦しみに喘ぐ衆生（＝人々）の様を表していると見られます。

そう考えると、「□」は「救う」「癒す」などの意味を持った文言が予想されますが、摩滅が進んでいて採字確定は難しい状態です。

「永く安樂を得て彼岸に登らしむ」は、普く衆生の成仏に携わらんとする意志の表明です。前段の現世での救済への意志に対する仏者らしい練られた対句です。

石塔という形での表明は、造像銘や石碑に比べて、いっそう積極的な表明と言えます。

経塔の誕生

経典の書写を重視し塔への納経が行われたと見られることも注目されます。経塔の成立です。竜福寺層塔（七五一年）が先駆例ですが、宇智川磨崖碑（七七〇年代の宝亀□年）も経文を彫っています。塔と言うと釈迦の遺骨とされる舎利を納める舎利塔（stupa、ストゥーパ）と考えがちですが、経塔（caitya、チャイトヤ）という形が登場してきた意味は大きいと見られます。

特に『法華経』は、「まさに一心に受持・読・誦・解説・書写して、説の如く修行すべし」（如来神力品）と記し、法華経そのものの写経・納経を強く求めています。

インドにおける法華経と経塔の成立に関して、僧侶で仏教学者の故・田村芳朗先生が中公新書『法華経』で、経塔の重視は「大乗菩薩行の真精神を確立しようとした結果の産物」であるとまとめられていることは示唆的です。時代差は大きいものの、金井沢碑から山上多重塔へと至る流れと符合しています。

知識結が育んだ日本仏教の礎

東国化主・道忠禅師の登場

行基のように、深い仏教理解と多様な実践力を持ち、知識を率いて世のため人のために働き続けた人々を菩薩あるいは化主と言います。その働きが大乗菩薩行です。

山上多重塔が建てられる、その前後、上野国をはじめとする東国では菩薩行の大きなうねりが立ち現れてきます。

日本仏教大成者のひとり最澄（七六七～八二二）は、若き日、修行本格化の基盤として比叡山上に一切経つまり全ての経を備えようと決意します。時に延暦十六年（七九七）のことでした。一切経はおよそ五千巻に及びます。売っているわけではありません。一字一字写していかなければなりません。一人では到底達成できません。近くにも協力者がいましたが、最大の協力者は東国にいました。

最澄の伝記『叡山大師伝』は書いています。

> **東国化主道忠禅師という者あり。是は此れ大唐鑑真和上持戒第一の弟子なり。伝法利生、常に自ら事と為す。遠志に知識し大小経律論二千余巻を助写す。……今、叡山の蔵に安置せしは斯れ其の経なり。**

道忠その人の卒伝は残されていませんが、弟子・孫弟子らの卒伝などによれば、道忠布教の拠点は緑野郡緑野寺にありました。そして道忠の活動は、緑野寺を拠点に上野、下野、武蔵へと広がっていました。

度重なる遭難を乗り越えて来日した戒律の師・鑑真和上（六八六～七六三）「持戒第一の弟子」と書かれることは、鑑真の衣鉢を継ぐ人物だという評価です。しかも、その評価は鑑真その人による評価だったと、日本最初の仏教通史『元亨釈書』（一三二二年）は書いています（『元亨釈書』巻第十三　明戒　道忠法師）。「伝法利生、常に自ら事と為す」。まさに菩薩行の実践者でした。『元亨釈書』は、「持戒第一」に加えて「東州導師」と記し、「民、俗に（道忠を）菩薩と称す」と記しています。

緑野寺は浄土院・浄法寺とも呼ばれ、藤岡市浄法寺に現存していますが、道忠在世中の緑野寺は現在地より数キロ北の藤岡市街地に建てられていた可能性も指摘されています。そうなれば、上野三碑や多胡郡との距離はさらに縮まります。

また、『続日本後紀』承和元年（八三四）五月条によれば、平安時代に入っても上野国などの国分寺には一切経は揃っておらず、緑野寺の一切経を写して全巻を備えるよう命令が出されています。

知識の菩薩・道忠禅師

二千巻という量、一年での達成から考えて一切経助写が道忠ひとりで行われたとは考えられません。「遠志に知識」という文言に弟子や人々を率いた趣が感じられます。

助写した二千巻の経を負って叡山に上った円澄（七七二～八三七）は、修行を積んで第二代天台座主となりますが、下野国に止まり菩薩行に専念した人物もいました。小野山寺（大慈院。栃木県栃木市岩舟町小野寺）の広智です。下野国人らからは「広智菩薩」と呼ばれ、第三代天台座主となる円仁（七九四～八六四）を育て上げました。

道忠はすでに遷化していたと見られますが、弘仁八年（八一七）の最澄東国巡錫、宝塔建立時のことを『叡山大師伝』は次のように書いています。

> **爰に上野国浄土院**（＝緑野寺）**一乗仏子**（＝大乗僧）**教興・道応・真静、下野国大慈院一乗仏子広智・基徳・鸞鏡・徳念ら、本、是れ、道忠禅師の弟子なり。延暦年中、遠く伏膺を為す**（＝大小経律論二千余巻助写のこと）。**師資**（相承）**を闕かず。斯れ、其の功徳勾当の者なり。**

同書は続いて、さらに興味深い話を載せています。

> 是時、信濃国大山寺の正智禅師あり。上野国千部知識の列に預かり二百部法華経を助写す。送らんとする時に臨み、一の槽の七（頭）の馬、首を挙げて食はず。動転かず。寂黙として眠るが如し。（中略）諏訪大神託宣して云はく。我、千部知識に預からんと欲す。而して、此の怪を示す。亦、此の経を助け送る。即ち便に誓うを以て知識に預かるのみ。七（頭）の馬倶食ひ、羸疲あるものなし。経の装束竟り、上野国千部法華院（緑野寺のこと）に奉り送る。荷擔（＝荷駄）道に列ぶ。忽に旋風吹きて徐徐に進前（＝前進）す。衆人驚異く。神の神を為す（＝神の不思議な力を示す）也。

諏訪大神までもが千部法華経の助写に知識したいと願って神異を見せたという展開は痛快ですが、長大な『叡山大師伝』の中で「知識」の文言が現れるのは、道忠教団に関係する部分だけです。しかも「知識」の文言が重ねられています。仏者・道忠のあり方は「知識の菩薩」と呼ぶにふさわしいでしょう。

日本仏教の基礎を築いたのは三碑を残した東国の仏者たち

道忠教団からは、円澄・円仁に続いて、第四代天台座主・安恵（七九四～八六八）などが陸続と現れていきます。安恵も下野の生まれです。円澄・円仁はじめ、道忠・広智の弟子たちが天台座主を継承していく事実はまさに驚くべきことです。

金井沢碑に端を発する東国の知識は菩薩の教団を生み出し日本仏教の礎を実践的に育むまでに成長しました。奈良・平安の仏教というと鎮護国家の官製仏教と思いがちですが、地域における知識・菩薩僧の活動こそが日本人の心の礎を生み出したのです。

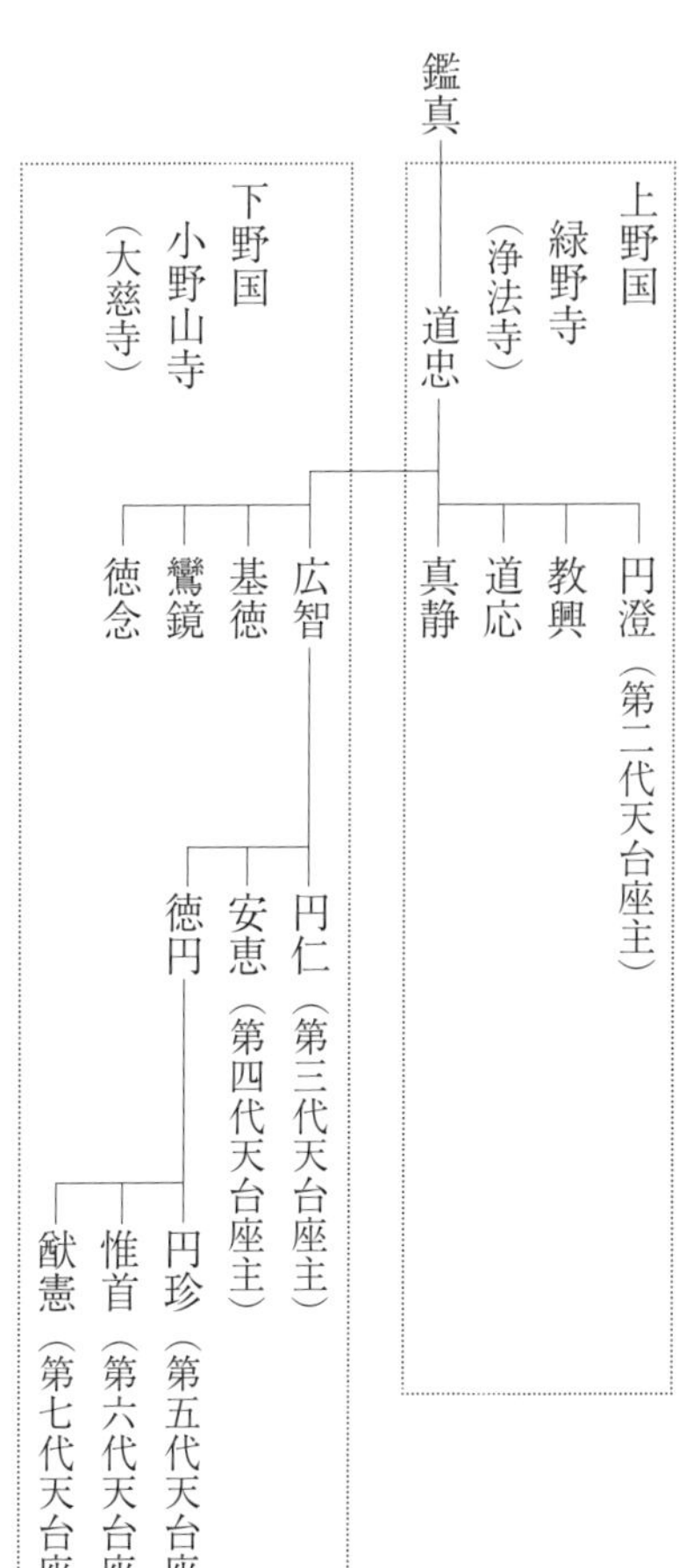

金井沢碑には、「やまとごころ」を形作る日本仏教の種がしっかりと刻み込まれていたのです。上野三碑とそれを継承する人々の営みからは、地縁・血縁を基盤としながらも、志縁・知縁によって「やまとごころ」を育む様子がうかがえると言えましょう。

しかし、従来の日本仏教史、日本思想史では、この重大な事実が完全に抜け落ちています。まことに残念なことです。改めて、日本らしい仏教の源流が山上碑・金井沢碑に刻まれ、多胡碑にも地域集団の主体性が示されていることを意識したいものです。

円仁への道・円仁に知識した人々

多胡碑の章で円仁と氈（フェルト）生産との関係を示唆しましたが、円仁と言えばあまりにも有名な入唐求法の旅の前に、彼が二つの旅をしていることが改めて注目されます。

一回目は師・最澄のお供をしての東国巡錫。弘仁八年（八一七）の上野・下野両国での経塔建立です。故郷に錦を飾る旅でした。

しかし、直後の弘仁九年（八一八）七月、マグニチュード七・五と推定される地震が関東、とくに上野・下野国境を襲います。『類聚国史』（災異五　地震）によれば、「相模・武蔵・常陸・上野・下野の国、地震。山崩れ谷埋まること数里なり。（中略）圧死する百姓、勝げて計うべからず。八月庚午、使いを遣し諸国を巡省す。（中略）上野国等の境、地震災いを為し、水潦相仍り、人・物凋損す。」という惨状でした。

円仁には大変な衝撃でした。師とともに下野の故郷に宝塔を建て、経を納め、講義もした。これで平安が保たれるはずなのに、なぜ、その地を地震が襲い、多くの人々が亡くなり、安住の地を奪われるのか。仏が与えた試練としてはあまりにも過酷だ。これに打ち勝つ理論と実践が必要だ。まずは、その救済・復興に向かわねば……。最澄遺言の一二年の籠山行さえ彼は途中で切り上げて天長六年（八二九）関東・東北へと向かいました。第二の旅です。

だが、彼が痛感したのは自らの至らなさ、力のなさ、人々を救いきれない仏道の未熟でした。叡山に帰った円仁は、心身ともに鬱状態に陥ってしまったと史書や伝記は語ります。

円澄が救いの手を差し伸べます。遣唐使への同乗の誘いがある、理論・実践両面での悩みを唐で解決してくるがよい。叡山の徒とすべての民のために……。

これが承和二年（八三五）から一二年間に及ぶ、かの入唐求法の旅となります。

帰国後、彼は叡山・都周辺での活動に忙殺されます。しかし不思議なことに、無数の東北・関東の寺が……恐山（青森県むつ市）も、中尊寺・毛越寺（岩手県平泉町）も、黒石寺（岩手県奥州市）も、蚶満寺（秋田県にかほ市）も、瑞巌寺（宮城県松島町）も、山寺（立石寺。山形県山形市）も、霊山寺（福島県伊達市）も……帰国後の承和十四年（八四七）以降、円仁によって開かれたと伝えています。

故郷・東国そして奥羽の人々の苦難を克服し安住をもたらす仏教とは何か。苦難は自然災害だけではなかったでしょう。兵乱や暴政もあったでしょう。それらを地域の人々とともに克服していく仏教を求め続けた円仁にまさに知識した道俗男女が建てた堂宇です。

これらの寺に足を運ばれ手を合わされた方も少なくないでしょう。しかし、それらの寺が上野三碑に連なるなど考えもしなかったという方もおられるかもしれません。

最後に、改めて三碑を全体として見直してみましょう。

#「上野三碑」を読み通しましょう

三碑は揃ってこそ「世界の記憶」にふさわしい

冒頭、三碑いずれも、一三〇〇年の星霜を超えて「どなたにも読める」と申し上げました。採字つまり刻まれた文字の確定は思いのほか楽だったと感じていただけたのではないでしょうか。字形の揺れはあっても、一三〇〇年以上、同じ文字を使い続けてきたことに感銘を受けられた方もあろうかと思います。それぞれの碑の前に立たれて、ご家族や友人に一つ一つの文字を説明したいお気持ちになってくだされば望外の喜びです。同時に、それぞれの文字には想像を超えた奥行きと広がりがあることにも驚かれたことと思います。また、私の読みは一案にすぎないとしても、お読みいただいた碑文には「世界の記憶」にふさわしい内実があることも納得いただけたことと思います。

そうしたことが可能だったのは、三碑が全て、地域の方々などの手で完全な形のまま守られてきたからです。三碑現地に行かれると、実感はより深まるでしょう。

繰り返しますが、「世界の記憶」は、人類の歴史の重要な記憶を検証できる本物で完全な記録物です。「読める」ことにこだわってきたのも、多くの方々が比較的たやすく「読める」ことは、記憶を検証する上で非常に大きな要素だからです。その作業を共にしていただくことで、三碑それぞれの価値をご理解いただけたとすれば、本書執筆の一つの目的は果たせました。

しかしまだ、ご一緒に考えたい大きな問題が残っています。上野三碑を全体として読んだとき、どのような風景が浮かび上がってくるかです。

「日本」という国家誕生の生き証人

上野三碑を全体として見るとき、時代差半世紀以内、空間距離せいぜい数キロ四方という、時空両面での近接性が重要な意味を持ってきます。

その半世紀は「日本」という国家が誕生した時代であり、せいぜい数キロ四方の空間内で地域の再編とその後の日本社会の基盤となった文化的達成がなされたからです。

異論もありましょうが、列島社会最初の国家は、「日本」という国号、「大宝」という元号、律令という法制度をもって大宝元年（七〇一）に成立したと考えられます。

詳細は拙著『「日本」誕生　東国から見る建国のかたち』（現代書館）をご覧いただきたいと思いますが、大宝二年出発した遣唐使は、長安三年（七〇三）、唐（厳密に言えば周）の聖神皇帝（武則天）によって「日本」という国号と「大宝」という独自元号を承認されます。国家としての完全独立の承認です。

上野三碑は、七〇一年~七〇三年を真ん中に挟む形で建てられました。

上野三碑は「日本」という国家の誕生をどのように刻み込んだ記録物でしょうか。

「日本」が見られないことは本物の傍証

まず国号ですが、「日本」という国号は三碑いずれにも見られません。

しかし、そもそも平安遷都以前の金石文や木簡などに「日本」という用例はありません。『古事記』にも一切見られません。『万葉集』も四五一六首のうち「日本」を歌本文に記すのは十七首だけです。『日本書紀』

や『続日本紀』も国号表記と天皇国風諡号（＝おくりな）の要素を除けば、「日本」用例は意外なほど少数です。公式令に定められた五つの天皇詔旨のうち「日本」が見られるのは大事を蕃国（新羅・渤海）使に伝える最高位の詔旨だけでした。国内において「日本」という国号はめったに使われなかったということです。

ですから、**三碑に「日本」が見られないのは、むしろ当然です。**逆に「日本」が刻まれていたら、その時点で偽造・捏造を疑わざるをえません。**見られないことが本物の証**です。

干支から元号へ、元号干支一体表記への歩みを記す上野三碑

次に元号はどうでしょうか。

山上碑は干支（かんし）**「辛巳歳」で記され、元号は見られませんでした。**

多胡碑は「和銅四年」と元号を記していました。現在のところ、日本独自の元号が記された最古の石碑です。日本独自の元号自体は墓誌や戸籍断簡に見られますが、木簡、造像銘等の仏教遺物を含めても大宝元年を遡る日本独自の元号表記はありません。

強調してきたように、石碑は公開の場で不特定多数に読み継がれてこそ価値を発揮します。天皇や一部の貴族・官人の認識だけでは元号は成り立ちません。広く公民も共有し、できれば国際的にも承認されていることが大切です。多胡碑に「和銅四年」と書かれたことは、和銅四年という〝とき〟が広く共有されていたことを証明しています。

七二六年建立の**金井沢碑は「神亀三年丙寅」と日本独自の元号と干支とを一繋がりで記していました。**元号と干支とが分かちがたく組み合わされたことは、〝ときの流れ〟が広く共有され始めたことを証明して

います。いま、昭和から平成、平成から令和へと改元が重なり、国民の間で、それが何年前のことなのか、どれだけ前のことなのか、直ぐには分からないという状況が生まれつつあります。西暦が、その戸惑いを解決してくれています。六十年で一巡する干支は、西暦と同じ役割を果たしていたと見られます。

干支も元号も中国由来のものです。特に元号は本来中国皇帝しか使えないものです。それに対して**独自の元号を制定して中国皇帝の承認を獲得し、さらに干支を訓読みして一体化させたことは日本の創意です。三碑はその流れを刻んだ超一級の記録物群です。**

律令に基づく法治国家「日本」誕生を三碑はどう記録したか

では三碑は、律令に基づく法治国家「日本」誕生をどのように記録したでしょうか。

一番直截的な記録物は多胡碑です。律令による郡設置の実際と設置を命じた太政官の構成を書いています。加えて、多胡郡は、大宝律令制定後、最初に設置された郡の一つです。その後、多くの国や郡が設置されながら記念碑は多胡碑だけです。

それ以上に重要な価値は、「弁（わきま）へ二官符ヲ一、…三百戸は郡と成す」と読めるように、**律令による郡設置と太政官構成を被統治者側から書いた碑**であることにあります。

郡域には高度な文化と技術を持って日本列島に渡来した多様な人々が暮らしていました。こうした人々を日本の王化を慕って来た人々と捉えて公民化を図る国家と、主体的に暮らし続けようとする人々との間には軋轢もあったことでしょう。しかし、多胡郡を成した人々は、より良き未来を信じて法治を受け容れました。多胡碑はその宣言です。ここに記念物としての多胡碑の最高の価値があります。

時間を巻き戻すと、**山上碑には「戸」も「里」も「郡」も見られません。放光寺僧への系譜を氏族(うじぞく)の系譜で書いています。**その表現は埼玉(さきたま)稲荷山古墳出土鉄剣の乎獲居(おわけ)臣の系譜の書き方にまで遡ります。

他方で、七世紀後葉の木簡には「五十戸」や「里」の表現が頻出しています。この頃から戸籍が作られ始めたと考えられ、大宝二年の戸籍断簡が現存しています。

金井沢碑は明確に戸籍を書いていました。

氏族の一員であることを示すことで自らの存在と存在の場を示した山上碑。律令に基づく戸籍で自らとその存在の場を示した金井沢碑。両碑の間にあって郡や里の編成を民の立場から生々しく描いた多胡碑。**三碑は、律令に基づく法治国家を根底で支える地方制度や公民がどのようにして生まれていったかの流れを示す記録物群**です。

《読み書きできる日本語》誕生の歩みを記録

このように、三碑は、法治国家「日本」誕生を民の側から記した貴重な記録物群です。しかし、しょせん国家の問題と言い切ってしまうこともできます。

最古の日本語碑：山上碑

三碑は、それに止まらない価値を持っていました。国家を成り立たせている国民形成の基礎となる《読み・書き・話す・聞く》が全て揃った日本語が創り出されていく過程を刻み込んでいたからです。個々の碑でその過程を確認しながら三碑総体としての価値を整理しておきましょう。

現在のところ、日本列島に暮らす人々の手で記された最古の文は四七一年と見られている埼玉稲荷山古墳出土鉄剣銘文です。漢文ですが、現代日本人にも読みやすい「やさしい漢文」で書かれていました。七世紀に入ると造像銘が増えてきますが、多くが「やさしい漢文」でした。事態が大きく変わるのは七世紀半ばです。「やさしい漢文」から《読み書きできる日本語》の確立へと舵が大きく切られました。確実な記録物として辛亥年銘法隆寺献納宝物観音菩薩像台座銘が挙げられます。六五一年の作です。語順のままに日本語で読み下すことができました。六五〇～六六〇年代の年紀を干支で記す類似の造像銘が続きます。

その次に位置するのが六八一年の山上碑です。ご一緒に読んできたように、書かれた語順のままに日本語で読むことができました。ただ単に日本語の語順のままに漢字を並べただけではありません。文字列「辛己歳」に端的なように、**当代東アジアで使われていた字形や使用例を正しく受け継ぐ一方で、漢字を、その音や意味を保ちつつ、日本語を表す表語文字とし、日本語の構文規則に合わせて並べ替えることで《読み書きできる日本語》を確かなものにしました。**同時代の木簡や幡などに類例が見えることもお示しした通りです。

こうした証拠が、都周辺や貴族間以上に、列島各地の多様な社会階層の間で見つかっていることも注目させられます。特に山上碑は、石碑という不特定多数の人々が読み継いでこそ価値を持つ材料への刻み込みでした。刻まれた文字列を日本語で読み理解する人々が周囲にあまた生まれていたことを証明しています。国号や元号同様、《読み書きできる日本語》も広範な層の共有財産となって初めて有効なものとなります。それが書記言語の使命であり宿命です。

山上碑が《読み書きできる日本語》誕生の超一級史料であるのは石碑だからです。

国字の発明：多胡碑

多胡碑は、「やさしい漢文」の流れに位置づけられますが、《読み書きできる日本語》が熟度を増していく過程の一つの記録物としての面も持っていました。

中国生まれの漢字にはない文字、日本製の「漢字」、国字「⿰礻恵⿰礻責（穂積）」の創造です。「⿰礻恵⿰礻責（穂積）親王」が天武天皇の第五皇子・穂積皇子を指すことは明らかですが、禾偏（のぎへん）ではなく示偏（しめすへん）でした。こんな文字はありません。多胡碑を建てた人々が作り出した文字です。示偏は神事に関わる文字です。多胡碑を建てた人々にとって、穂積親王は神だったからです。

比喩ではなく、当時、天皇一家は「人の姿をもって現れている神」と仰ぎ見られていました。それを鮮明に表現する文字として、多胡郡を成し多胡碑を建てた人々は、⿰礻恵⿰礻責（穂積）という国字を創造しました。国字の創造は金井沢碑に引き継がれます。

副詞や助詞・助動詞、補助動詞表現の共有：金井沢碑

金井沢碑で国字と見られるのは「⿰馬爪（ひづめ）」です。蹄よりもはるかに「ヒヅメ」らしい「漢字」ですが、金井沢碑にしか見られません。復活させたい国字です。

国字の創造以上に注目されるのは、**漢字・漢文、さらには漢訳仏典を活用しての副詞や助詞・助動詞、補助動詞表現の創造**です。

特に大きな創造は上代（古代）特有の受動・自発・可能の助動詞「ゆ」を「所＋動詞」の形で表現していることです。そのことによって、主と従とを間違いなく書き分けることができるまでになっていました。

実は、これらの創意は宣命や『万葉集』にも見られますので、金井沢碑の独創と言うよりも、むしろ宣命や『万葉集』**と同じ表現の工夫を地方の、有力とはいえ貴族ではない公民たちが共有していたことを金井沢碑は証明**しています。

《読み・書きできる日本語》創造の歩みを刻む上野三碑

三碑が《読み書きできる日本語》創造の歩みを刻む記録物群であることはご理解いただけたと思います。しかし、《読み書きできる日本語》の創造という視点から三碑を俯瞰すると、いっそう広大な風景が見えてきます。

第一に、それぞれの碑に即して見てきたように、《読み書きできる日本語》**創造は、列島各地の多様な社会階層の間で同時並行的に、かつ、共有しながら進められました。**

中央から地方へという見方に陥りがちですが、特定の地域や特定の階層からの同心円的な動きではなく、列島社会を横断する同時並行的な動きで《読み書きできる日本語》が創造されたという史実は、私たちの古代社会像を大きく変える可能性があります。

第二に、**漢字・漢文や中華文明を熟知し、それらを踏まえながら、なお、日本独特の構文規則や音韻構造、地域感覚に合わせて**《読み書きできる日本語》**を創造**した、その創意の素晴らしさです。日本文化史最大の創意の一つと言ってよいでしょう。

しかし第三に、そこに至る流れには、新羅をはじめとする朝鮮半島諸地域などでの創意工夫の先例がありました。碑の形や文字の刻み方、「部」略字体の受容などは一例です。

《読み書きできる日本語》の創造は東アジア交流がもたらした実に豊かな果実でした。

東アジア交流の果実と言えば、日本語とは構文規則が全く異なる漢文から、構成要素である漢字を引き出して《読み書きできる日本語》の構成要素とできたのは、漢字が表語文字だったからです。アルファベットに代表される表音文字だったら不可能だったでしょう。隣国が表語文字の大国だったことが幸いしました。

その結果、第四に、**多少の発音の違いがあっても、列島各地の人々は完全な意思疎通を図ることが可能となりました。**その後、「発音が多少違っても」どころか「話されたのでは全くつながらない」人々が日本列島での暮らしを共有し続けられたのは《読み書きできる日本語》が共有されていたからです。日本文化の特質や日本列島における暮らしの持続性を考えるとき、まず意識すべきことと思います。

国の宝たる「民の成熟」を民自らが記録

《読み書きできる日本語》創造の歩みを刻んだことに象徴されるように、三碑は常に民の立場で書かれていました。被統治者側が法治を受け入れ中間層が厚みと豊かさを増すことは社会成熟の指標です。そう考えると、三碑は古代日本の真の豊かさを刻み込んだ記録物と言えましょう。

それぞれの碑に即して、その意義を再確認しておきましょう。

一介の僧が母への感謝を記した山上碑

実感いただいたように、山上碑は、地域有力者の家系であっても貴族ではない一人の僧侶が、自分を育ててくれた母への感謝を記した供養碑でした。この点に関して、山上碑に足を運ばれた韓国・中国などの研究者の方々が異口同音に語られます。

「我が国にはもっと古い碑がいくらでもある。しかし、そのほとんどが皇帝か王の命令であるか、功成った貴族・将軍の顕彰碑だ。あるいは仏道成就を念じた造像碑の類である。僧侶が単に仏道成就を願うだけでなく、また、僧侶として功成ったことを顕彰するのでもなく、僧侶への道を支えた母への感謝を記しているとは、何とも感慨深い。」ここに全てが言い尽くされています。自分を育ててくれた母や親族、地域への報恩感謝の碑。この心が日本文化の底流にあることを強く意識し直したいものです。

郡を成した人々が誇りを記した多胡碑

多胡碑は政府命令の写し「石の高札」ではありませんでした。政府命令を受け止めて新しい郡を成した三百の家族の記念碑でした。集団的主体性の発揮と新郡を成し遂げた誇り、そして未来への意志が刻み込まれていました。

多胡碑の意志が伝承されるなか、太平洋戦争敗戦後、進駐軍に接収されるおそれありと知らされた地域の人々は、現地から六十メートルほど東の地に多胡碑を埋納して守るという行動に出ました。丁寧に埋納し、お別れの焼香まで行われたと伝わります。

結局は、接収のおそれなしということで現地に戻されますが、一三〇〇年以上の星霜を超えても地域の宝として守られ続けたのは、今の世に暮らす人々につながる民の記録だったからではないでしょうか。

仏教を民の行動原理として記した金井沢碑

金井沢碑のキーワードは「知識結」にあると度々申し上げてきました。「知識結」とは、仏教を行動原理に据えて、世のため人のために仏教行事や社会事業を興すことを意味する言葉です。金井沢碑は一族の手によるものですが、「知識結」の言葉が象徴するように、地縁・血縁を超えた志縁・知縁に支えられての建立でした。

金井沢碑を建てた人々がどのような仏教行事や社会事業を興したかは、よく分かりませんが、金井沢碑の周辺地域からは「知識結」の実践者が陸続と現れてくる様子をご一緒に確認いただきました。

日本仏教は決して鎮護国家の官製仏教として定着したのではありません。金井沢碑に結集した人々をはじめとする知識の菩薩たちによって定着してきたのです。そうでなければ、一三〇〇年もの星霜、仏教は日本人の暮らしと心を支え続けられなかったことでしょう。

国の宝たる「民と地域の成熟」を刻み込んだ上野三碑

金井沢碑を引き継ぐ東国の仏者たちの焦点に最澄がいました。日本天台宗の宗祖として名高い仏者です。しかし、彼の半生は順風満帆ではありませんでした。彼の教えはなかなか広まっていきません。その悩みのなか、弘仁八年（八一七）最澄は、道忠から託された円澄や道忠の孫弟子・円仁らを連れて東国巡錫の旅に立ちます。そこで彼は、ぼろぼろの袈裟を身に纏い民衆と共に学び働く人々に出会います。彼らは語ります。

「私たちは道忠様の弟子・孫弟子です。かつて円澄様のご指導も得て最澄様の一切経写経に知識した者どもです。いま東国の地で私たちと知識を共にされる人々と仏道に精進し、道を直し、橋を架け、病に苦しむ方々には薬を、食べることに窮しておられる方々には飲食（おんじき）をと心がけていますが、なかなか思うようにはいきません。最澄様、菩薩の知恵と力をお授けください。」

最澄は目を洗われます。

「この人々のありようこそ私が思い描いた仏者の姿だ。大乗菩薩僧そのものだ。」

翌年、叡山に戻った最澄は、決意を固めます。「叡山に大乗戒壇を設け、独自の学生養成制度を作ろう。その許しを政府から得よう。」その思いを込めて記された一連の文を「山家学生式（さんげがくしょうしき）」と言います。

その冒頭の言葉は三碑を建てた人々、そしてそれに連なる人々の姿を髣髴とさせるものです。

国宝とは何物ぞ。宝とは道心なり。道心ある人を名づけて国宝と為す。
故に古人言わく、径寸十枚、是れ国宝に非ず。一隅を照らす、此れ則ち国宝なりと。

地域によって守られ続けた記録物

そうした価値を刻み込んだ碑が今に伝えられて来たのは、地域の人々が碑を愛して価値あるものとして伝え続けてきたからです。英文申請書に記された上野三碑の英訳“Three Cherished Stelae of Ancient Kouzuke（正確には Ancient Kouzuke that is Ancient Gunma Prefecture）”の Cherished（大切に愛され続けた）は実にふさわしい英訳です。

いささか身贔屓、自画自賛ではありますが、山上碑・金井沢碑を愛する会や上野三碑ボランティア会などの地域の人々による自主的自発的活動は、それを継承するものとして、ますます重要になってきていることを思わずにはいられません。その活動への自分なりのささやかな参加を改めて意識して擱筆とします。

あとがき

二〇一二年五月、一人の群馬県議会議員から「上野三碑は高い価値があると言うが、国民はおろか県民でもよく知らない。知名度を上げ、その価値を広める方法はないか」と問われました。一年前の二〇一一年五月「山本作兵衛炭鉱記録画・記録文書」が「世界の記憶」に登録された時の衝撃が蘇ってきました。

即座に「世界の記憶」登録という方法をお答えしました。

議員は、当時の大澤正明知事に、この提案を投げられました。琴線に響いたのか、知事は「世界の記憶」登録を県として進めることを約束されました。同時に、議員は、上野三碑の建つ高崎市が選挙区でないことから、高崎市選挙区選出の二人の県議にバトンを渡されました。

NHK解説委員を経て高崎経済大学で教鞭を執られていた横島庄治先生、多胡碑記念館初代館長・久保信太郎先生、辛科神社宮司で史学・考古学の権威である神保侑史先生などのご指導のもと、上野三碑世界記憶遺産登録推進協議会が作られました。

それから僅か五年で上野三碑は「世界の記憶」に登録されました。

登録は、人間文化研究機構理事（当時）平川南先生、東京大学大学院教授（当時）佐藤信先生、度々お名前を上げさせていただいた前澤和之先生などのご指導の賜物ですが、そうした運動と並行して、私は、高崎市立南八幡小学校・南八幡中学校の児童・生徒と上野三碑を読む活動を重ねていきました。同時に、山上碑・金井沢碑が建つ地元、南八幡地区の一住民として、友人たちと「山上碑・金井沢碑を愛する会」の活動を広めました。

そのための読本も兼ねて、二〇一六年四月『上野三碑を読む』を上梓しました。登録運動のただ中ということもあって一年足らずで在庫がなくなってしまいました。二版も考えましたが、訂正すべきことが少なからず見られたことから、二〇一七年五月『増補版・上野三碑を読む』を刊行しました。

南八幡中学校一年生の授業後には、ご家族で読み話題にしてほしいとの願いから生徒全員に本を渡してきましたが、今年、遂に増補版も在庫が尽きました。

その際、増補版までの中で一つ大切なことを書き忘れていることに気づきました。

総論的には書いているものの、三碑を見通した記録物群としての価値を三碑そのものに即して実証的に書けていなかったという問題です。

そのことを考えていた時、嬉しい贈り物がありました。奉職している高崎商科大学に、教壇を共にしている会計学者・後藤小百合(ごとうさゆり)教授から婚家に伝わる上野三碑拓本が寄贈されるという慶事です。世界の記憶・特別史跡の上野三碑の拓本を採ることは許されていません。三碑を考えるには、拓本コロタイプに頼らざるをえません。コロタイプ印刷はユネスコも推奨する優れたアクセス方法ですが、文字を身近で確定し考察するには隔靴掻痒であることを禁じえませんでした。

後藤家旧蔵・高崎商科大学拓本を眼前においての検討、考察は私を精神的にも支えてくれました。

その類いなき贈り物に支えられながら、この本をお読みくださる方々と共に、三碑それぞれに即して採字・読み下し・読解を進めることを意識しました。三碑を一括りの記念物群として捉え、どのような時の流れを記録したものであるかを実感いただく形をとることとしました。

はたして、その試みが成功しているかどうか。率直な感想をいただければと願います。

登録後、この運動を中心的に担ってくれた一人の高崎市議会議員が浄土の蓮に上がられました。中学校以来の親友でした。木暮孝夫（こぐれたかお）君と言います。彼がいなかったら、上野三碑「世界の記憶」登録は成就できませんでした。地涌（じゆ）の菩薩と呼ぶにふさわしい友人でした。謹んで彼の仏前に本書を献呈いたします。

熊倉　浩靖

令和五年（二〇二三）師走

写真・図版提供

山上碑正面写真・拓本　高崎市教育委員会
多胡碑正面写真・拓本　高崎市教育委員会
金井沢碑正面写真・拓本　高崎市教育委員会
山上多重塔　桐生市教育委員会
上野三碑めぐりバス巡回ルート　高崎市教育委員会
※その他の上野三碑関連写真は筆者撮影
上野三碑碑文臨書　伊東俊祐

上野(こうずけ)三碑(さんぴ)めぐりバス 巡回ルート

※バス運賃は無料です／巡回ルートは変更となる場合があります

【著者略歴】

熊倉 浩靖（くまくら ひろやす）

1953 年　群馬県高崎市に生まれる。

1971 年　京都大学理学部入学。全学連・全共闘運動に参加し中退。
　　　　京都大学在学中から上田正昭氏に師事。

1975 年　井上房一郎氏の指導のもと、高崎哲学堂設立運動に参画。

その後、シンクタンク勤務、群馬県立女子大学教授・群馬学センター副センター長を経て、現在、高崎商科大学特任教授。

著　書　『古代東国の王者―上毛野氏の研究―』（2008 年）雄山閣
　　　　『日本語誕生の時代―上野三碑からのアプローチ』（2014 年）雄山閣
　　　　『群馬県謎解き散歩』（2013 年）新人物往来社
　　　　『「日本」誕生　東国から見る建国のかたち』（2020 年）現代書館
　　　　その他、編著・共著書多数。

連絡先　hiro-kumakura@npogunma.net

2024 年 2 月 29 日 初版発行　　《検印省略》

ユネスコ世界の記憶「上野三碑」を読んでみましょう
～あなたも読める日本最古の石碑群～

著　者　　熊倉浩靖
発行者　　宮田哲男
発行所　　株式会社 雄山閣
　　　　　〒 102-0071　東京都千代田区富士見 2-6-9
　　　　　電話 03-3262-3231㈹　FAX 03-3262-6938
　　　　　https://www.yuzankaku.co.jp
　　　　　E-mail　info@yuzankaku.co.jp
　　　　　振替　00130-5-1685
印刷製本　株式会社ティーケー出版印刷

ISBN978-4-639-02959-5　C0021
N.D.C.213　256p　19㎝